一歷百憂解
1

上癮臺灣史

一部 400 年的島嶼生存角力賽

《一歷百憂解》製播人
李文成 著

suncolor
三采文化

CONTENTS

Chapter 1

多方勢力覬覦的遠東神祕島嶼

Chapter 2

四百年前，已早有一臺各表

Chapter 3

從帝國偏鄉到國家中央，臺灣政權如何轉大人？

Chapter 4

重商趨利是天性？一部島嶼經濟創業史

「秒懂臺灣大事年表」書衣海報使用方法

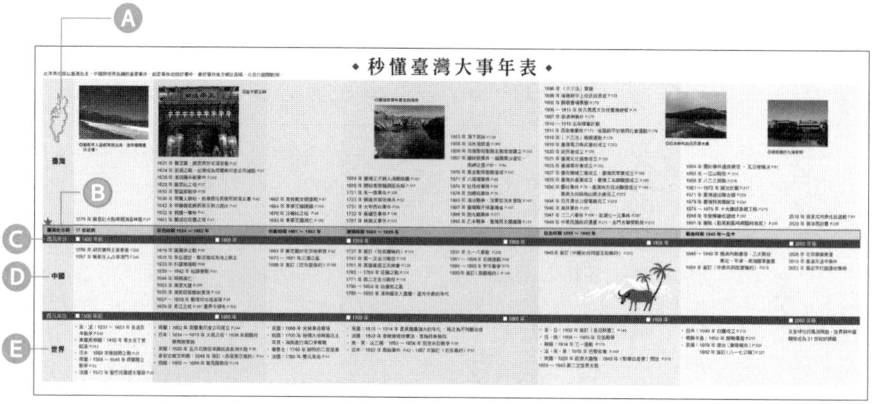

秒懂臺灣大事年表以臺灣分期為時間軸，收錄了臺灣為主，中國、世界事件為輔的重要事件，如若事件收錄於書中，會於事件後方標註頁碼，可自行翻閱對照。

Ⓐ **臺灣史大事**：收錄書中提及與重要的臺灣大事件。

Ⓑ **臺灣史分期**：總共分為 17 世紀前、荷西時期、明鄭時期、清領時期、日治時期、戰後時期。

Ⓒ **西元分期**：以 100 年為分界點，與臺灣史分期互相對照。

Ⓓ **中國史大事**：收錄書中提及與重要的中國大事件。

Ⓔ **世界史大事**：收錄書中提及與重要的世界大事件。

＊年表位於書衣內側，將書衣拆下後即可使用。

作者序

臺灣歷史新解方

在課堂上被各種力量與考量制約下的臺灣史，真的能給滿是困惑的下一代，帶來啟發、進行理解並珍視這個國家嗎？

我必須很遺憾地說：再多的熱忱，也難敵考試的現實、進度的壓力以及社會上對客觀中立的想像。或許寫書方能不負這些史事與初執教鞭時的理想。

我常常在演講時分享一個觀點：臺灣是個獨特的國家，這句話可以做兩面解讀，正面來看我們可以在諸多強權環伺、屢受殖民的歷史中，走出屬於自己的強國之路。但同時，臺灣是個喜歡迴避傷口、報喜不報憂的無意識社會，不僅對自己的歷史感薄弱、無視極權留下的後遺症，雖然追求進步價值，卻不能好好照顧受傷跟不上、或者保守而有疑慮的人們。講臺灣史不是為了挑起矛盾，而是讓我們清楚社會演進的脈動、了解遙遠過去如何對現在產生意味深長的影響。

為了讓大家更清楚知道故事脈絡，在每個章節不但會有小檔案輔助理解背景、還有重點議題帶讀者掌握精要，另外就是每篇結尾處的歷史情境對話站，希望每個人都能跟我一起討論這些沒有標準答案卻無比重要的議題，及若你對該篇講述的歷史有興趣，也可依據延伸關鍵字，查找更多相關史料。歷史，到底是由英雄主導進而推動的過期政治宣傳品，還是一部上下對話、互動所激盪出的交響樂？在打破時間線的傳統敘事方式後，此書將以人民組成、制度發展到經濟社會的三個大方面，來重新架構對臺灣的理解。

累積歷史與文化的主體就是人，如果重新回到我們自己來思考歷史，就會忽然發現這個安排非常地合理——我是誰、我在哪、我留下什麼？

臺灣人的血緣來源複雜，文化的多元性與開放性，既可當作地理帶來的影響，卻也有同樣條件下其他島國沒有的特質。以天然資

源而言，臺灣遠遠不如印尼、菲律賓等國；而面對的地震、颱風威脅又堪比北方的日本，究竟是什麼樣的族群，會將這樣多災難的島嶼作為自己的棲身之所？

從悠長的南島語族發展來看，等同換了一個方式重新開啟繽紛多彩的福爾摩沙史扉頁，不再是葡萄牙人的發現、荷蘭西班牙的鬥爭、鄭成功的進攻、滿清的統治，而是高大且聰明的馬賽人[1]在東北角的經營、以巫術聞名的斯卡羅人[2]在國境之南的創建、善於耕戰的大肚王國[3]橫亙在嘉南平原發展，甚至是高山之上曲冰[4]的文明詩歌——瑰麗奇絕，甚至帶著濃郁亞細亞百年孤寂之感。

待到大航海時代的來臨，歐亞大陸上的諸多強權並起，南歐透過冒險而在美洲獲取巨額資產，足以在國際政治博弈中上演下剋上的精采逆襲，而荷蘭也透過他們強大的「護國神山」級企業（聯合東印度公司）累積獨立的後盾，最終強國對決，在臺灣這塊遠離戰火的土地上迎來結局。

隨後北方民族進入山海關，消滅了存在東亞三個世紀的帝國（清滅明），這使得臺灣再次捲入了時代大浪。在期許社會更有國際觀的呼聲當中，歷史應該就是最好的一項工具，讓我們發現臺灣一直都是亞細亞與世界爭雄的重要角色，在《西發利亞條約》後繽紛而多彩的世界體系裡，我們從來不曾缺席。

存留在臺灣社會最大的毒素，在於臺灣人總覺得自己的民族、國家、社會一定有一堆來自歷史遺留的問題，但實際上這都是我們這一代人停滯不前的藉口；臺灣的確有省籍衝突、是移民社會、有逐利性格跟功利主義，但世界上哪一個發達國家沒有這些特質？

征服者威廉也同樣是以外來者之姿入主英倫、條頓騎士團也本不屬於普魯士、更不用提美國只是歐洲各國的殖民地，這些國家也各自存在自己的問題。

臺灣是個成功的國度，有全球最頂尖的半導體技術、有東亞強大的經濟地位、有自身許多值得珍惜的文化資產與歷史故事，但過往論及總是不脫殖民悲情、移民苦痛、受盡迫害之語，彷彿天生帶著原罪而難以前行。

臺灣史應該是讓我們看到這塊島嶼的獨特性，知道過往的創業史與經驗，給個人與整個社會帶來思考。

當視野擴及全球，也認識了這片土地的包容性後，或許臺灣人就能從過往汲取到更大的能量與智慧，並且在新的挑戰與世界格局變化中，找到屬於自己的道路與希望。

航海與經商民族的探索

如果不能正視臺灣民族的特殊性，就很難真正理解臺灣的歷史，在聊任何一個國家的文明與故事之前，必須要明白為何會有諺語說：「一方水土養一方人」，地理環境與氣候型態，不僅僅影響了人民的居住環境，更會塑造出獨特的社會形態、宗教信仰、生產方式甚至是價值觀。

舉例而言，在草原生存的民族，為了能夠占有水草豐美但為數不多的牧場，他們必須比起農耕民族更熟悉戰鬥；兩河流域因為長年的天災與兵禍，人們對生命的想像長期偏向悲觀與痛苦；相較之下，地中海地區長年的陽光普照，也會讓居住者對未知世界與神明描摹得特別浪漫。由此可知，比起後天的教育與意識形態的建構，天然環境對文明的影響更是深遠而直接，那臺灣這塊位處於北回歸線上又四面環海的島嶼，又會誕育出怎麼樣的民族性與歷史呢？

多國文化匯集的小拼盤

站在人類文明起源的非洲，以及往後人口遷徙的歐亞大陸來講，要抵達臺灣實在是各種交通不便，來到這片島嶼的成本與風險也自然高到難以估算，這也就篩選出一個來臺者的特質：勇於冒險；或者往負面的講：賭性堅強。

南島語族本身就是非常善於航海與拓墾的存在，他們可以在印度洋與太平洋之間開啟上古世紀的大航海時代，無論是最東邊的復活節島，還是最西邊的馬達加斯加，都是他們移動的領域，而這個廣大的空間裡，最北端就是臺灣。

試想這樣一群藝高人膽大的族群在這片土地扎根，在一個滿是地震、颱風與大自然挑戰滿滿的島嶼生存，所能培養出的民族性格將會是多麼堅韌。

隨後來到這裡的西班牙、荷蘭、漢人、日本人也都具有更大的挫折忍受力，他們在原國度可能發展受限，但願意負擔較高的代價以求謀生，並且在族群衝突以外發展出「互利共生」的大方向，使得臺灣成為跟美國一樣具有大量外來人口、也同時在衝突與競爭過程裡，能夠做到保留彼此差異性的文化拼盤，而非吞噬與強行合併的熔爐。

臺灣的特殊性

曾經一直有傳說，後藤新平總結了臺灣的民族性為：怕死、貪錢、愛面子。姑且先不論這個史料的源頭其實是來自於當時臺灣人投報時的觀點，後藤本人並無在公開場合或者日記當中留過這句話，這個道理的確放諸四海皆準，很少有國家或民族將想死、厭錢、不要臉奉為圭臬，也就因此凸顯臺灣跟其他國家存在的普世性：趨利避害。

但同時我也發現，近年來大家喜歡將臺灣類比為東方的瑞士、臺海的以色列、東北亞的新加坡甚至是海上的烏克蘭，進而強調在強敵環伺當中保有自我存在的不容易。

而這些論述其實各自存在巨大的邏輯陷阱。瑞士自古以來的山地戰鬥民族特性是臺灣所缺乏的；以色列亡國兩千年後，在經濟與政治雙重因素下，讓美蘇兩大強權同時支持；新加坡的獨立之路更是在被動的狀態下進行；更遑論烏克蘭擁有廣大的領土跟戰線縱深，與臺灣這座島嶼從政治、地理、文化都有著客觀上極大的不同。

臺人必須對自身的特殊性有所認識：也就是臺灣跟拉丁美洲一樣被殖民、跟烏克蘭一樣面對文化與軍事的雙重威脅、跟瑞士一樣保持在大國之間、與新加坡一樣有著經濟上奇蹟般的數字，但卻始終是自己。

在臺版普羅旺斯、臺版撒哈拉沙丘、臺版的兼六園等名詞背後；在臺版的小瑞士等廣告介紹詞背後，呈現的是大家對於自身的不理解與不自信。

如果重新回看臺灣史，你會發現這個國家也有跟希臘史詩一樣，充滿愛恨情仇糾葛與波瀾壯闊的戰爭，這個國家的文學作品也如同誕生過馬奎斯的

南美大地一樣神奇而靈動，他所受的苦難，也與流浪千年而難尋終點的猶太人一樣，令人心碎又唉嘆。而這些元素的交疊，就是一部獨一無二的海洋長歌，讓我們換個角度，重新來讀精采的臺灣歷史。

李文成

❶馬賽族：平埔族原住民，分布於淡水、臺北、基隆、貢寮一帶。
❷斯卡羅族：臺灣原住民的一支，曾活躍於恆春半島。
❸大肚王國：一個原住民在中部建立的多部落酋邦。
❹曲冰：位於南投縣仁愛鄉，是個在高海拔的史前時代遺址。

導論

透過歷史，重新找尋對話的基礎

一個海洋國家到底有多少可能性。

臺灣是一座充滿苦痛記憶，卻同時也充滿奇蹟的島嶼，應該說在世界上很難找到一個模型可以來解讀臺灣的歷史發展，更遑論預測；如果用「四小龍」的視角觀察，新加坡與香港的規模都僅是一個城市，而韓國從人口到土地面積都可以堪稱是個大國，臺灣與其他三者難以進行對照。如果從經商基因的角度切入，將臺灣與荷蘭做對照，除了土地面積相近外，臺灣的人文地貌與社會組成都與之相別甚巨。

如果跟以色列、瑞士相比其實也不相同，以色列的建國充滿不可複製的幸運與宗教原因、瑞士更是有傲視歐洲大陸的戰鬥基因。臺灣人的逐利、重商、現實都與前兩者非常不同，從歷史與地理的角度來看，臺灣的移民社會與層層疊疊的文化，反倒與美國有更多雷同之處，但國家的發展縱深以及地緣政治的地位差距，仍使得這樣的比較只是徒勞。認清自己的獨特性、明白在時空的座標裡我們所處何地，才能夠讓自己清楚未來方向。

二〇二四年是荷蘭進入臺江內海築城統治的四百週年，象徵臺灣正式嵌入世界體系，並且開啟大航海時代尾聲最為激烈的國際博弈。那一年，還被稱作福爾摩沙的臺灣彷彿是戰國時代，部落聯盟林立、多元的人群、不同目的的冒險者以及日本與明帝國的海商，正在悄悄地將與世無爭的海島捲入世界遠方捲起的風暴。

如今臺灣再次走到了大歷史的十字路口，過往想見證風雲際會的大時代，都只能在史冊緬懷，現在則成為了日常，無論是牽動世界局勢變化的晶片戰爭、中美兩國的巨型博弈、小北約各國的鏈接與合作、烏克蘭戰爭所引起的效應連鎖，再再顯示臺灣在世界舞臺上是個照在聚光燈下的存在。

歷史不應只記取仇恨或痛苦，更多的是透過閱讀、思考來找尋屬於自己與國家的模板，進行經驗的汲取以及下一步決策的依據。

四百年的歷史的確不能算長，但其中可看到荷蘭的立國與生存之道、鄭成功家族的興盛與衰敗、原住民建立的政權在被征服與保持自主性之間掙扎、臺灣在帝國統治下的窘迫，這都對當下的我們存在非常巨大的啟發意味。

臺灣史就是世界史，今日的新聞將會成為明日的歷史，唯有能夠理解過去，才有辦法擘畫未來。民主時代集眾人之智，才能有突破與進步，當社會上多一個人開始思考，就是一場小革命的開始，而劃時代意義的大事件，正需要大眾一起向前推動。

如果透過歷史而更能清楚臺灣自身發展過程、籌碼與短處各自在哪，進而分析如何做出最適合於己的戰略方向，就能真正做到以史為鑑的終極目標。臺灣需要更多人來重新討論與理解歷史，前人的犧牲與走過的路，都會成為智慧的泉源與豐富的人生指南。國家還有多少的可能性，端看眾人的意志與思維。

海洋夠大，足夠容納不同的族群與價值觀，但海洋也夠殘酷，不能保證巨浪與風暴是否會不期而至，難以容納誤判與頑固。透過歷史，讓我們重新找尋對話的基礎。

大航海時代曾遺留
許多，西方勢力在
臺建立政權的建築。
主持多次理藩運動的
佐久間左馬太。
霧社事件中，奮戰到
最後的賽德克族。
一六六一年，鄭成功率軍
渡海來臺，驅逐荷蘭人並於
臺南建立首個漢人政權。

Chapter 1

多方勢力覬覦的遠東神祕島嶼

說到臺灣歷史，臺灣的第一批移民到底是誰呢？只要是為了爭第一，無論是第一家鹹酥雞還是第一家媽祖廟，在臺灣，大家都可以為了這等小事吵得不可開交……

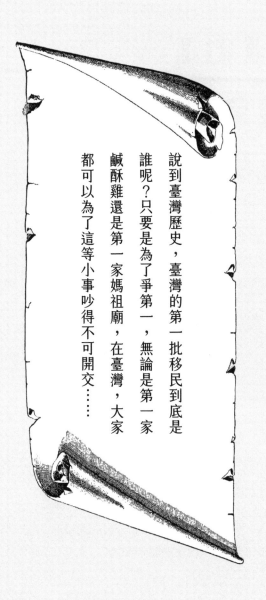

【01】

海盜男兒漂泊記，是誰發現了臺灣？

歷史小檔案

登場人物

大魏吳王孫十萬（孫權）、中國隊長李旦、帥哥海賊王鄭芝龍

發生年代

1560 年

國際上正發生

- **日本**：正處戰國歷史上的關鍵節點──桶狹間之戰中，織田信長透過此戰奠定自己在日後強大的基礎。
- **法蘭西**：瓦盧瓦王朝進入了倒數計時，皇太后凱薩琳主導的聖巴托羅繆大屠殺，更使得國內宗教問題複雜而不得解。

揭開臺灣史的第一章節，可以看到南歐崛起的強權如何在新技術的開發之下撬動世界既有的格局，也可看見東亞帝國在新秩序即將到來的前夕，用什麼樣的方法予以應對。日本與明帝國兩個在大航海時代處於「被動地位」的國家如何調整自身，又無數在「第一次全球化」下的受害者，在工作被剝奪、貧富差距進一步擴大的影響，透過自身努力完成了一代人時間內的階級地位翻升；當然，也會予以對《三國志》當中提及的夷洲、臺灣自古屬於中國的說法進行討論。

說到臺灣歷史，臺灣的第一批移民到底是誰呢？只要是為了爭第一，無論是第一家鹹酥雞還是第一家媽祖廟，在臺灣，大家都可以為了這等小事吵得不可開交，對於誰是踏上這片土地的第一人、哪裡是臺灣歷史上發展的第一鎮，自然也成為大家關注的焦點。

其實早期關於臺灣的地理位置定位從來沒有明確過，所以事後大家都可以在這個議題上吃點豆腐，以下就為大家列出幾個候選人與他的政見：

◆說法一：東吳帝國海軍與諸葛直

其中一種說法認為，第一批移民為東吳帝國的海軍跟諸葛直。主要會有這種說法是因為《隋書》、《三國志》都曾經有記載，東吳為了擴充兵員，所以派兵發現了一個在東海上的島嶼——夷洲，當然這也成了政治上宣傳「臺灣自古屬於中國」的一個歷史根據。

可其實這段記載的夷洲，地理位置上可能更接近今天的琉球或者是南邊的菲律賓，他在文中所提及這塊島嶼有一顆當年射箭所留下的巨石、還有人民生活習俗，都與臺灣原住民的部落型態存在極大的差異。

當然，如果這段記載真的是在講臺灣，那也是非常不光彩的血淚史——野蠻的入侵者將臺灣居民擄去，過程當中發動戰爭、侵犯當地婦女，最後還把活下來投降的人們當炮灰送上對付曹魏的戰場。由於史料的缺陷、以及考古上沒有任何遺跡可以佐證東吳的到訪，所以我對這個紀錄的真實性保持觀望。

◆說法二：顏思齊

也有些另一種說法指出，第一批移民為顏思齊。相較於第一個假設實在太容易不攻自破，第二個候選人的當選機率直線上升。在明朝末年以後，沿海地區隨著大航海時代的到來，無數來自美洲的白銀流入東亞，導致當時歐洲人發現的金銀已經多到造成困擾了（對這句話實在聽了讓人血壓飆升）。

由於運回歐洲本土的金銀數量過於龐大，導致他們通貨膨脹，因此增加與東亞的貿易，除了可以降低通膨帶來的衝擊，還能夠透過遠洋貿易將象牙、香料、中藥、茶葉、瓷器、絲綢等充滿異國風情的奢侈品轉回本國，這麼一本萬利又迷人的遊戲誰不喜歡？因此歐洲人來到遠東的欲望也隨之水漲船高。

可不幸的是，相比於開放奔放的西方、明帝國與日本卻都在這個時間段有著程度不一的鎖國政策正在執行，國家擔憂外部勢力滲透入侵，可能導致統治系統崩壞，但是賺錢的事情總能夠在法律之外找到它生存的空間，於是遊走於歐洲人、日本人與明帝國之間的掮客、海盜、商旅忽然像雨後春筍般的大量出現。

但是顏思齊的史料實在是太過蹊蹺，例如翁佳音老師考證他可能就是李旦身邊的副手——Pedro，但是他的死亡時間跟李旦完全相同，這也就讓人懷疑會不會他只是李旦的化名。

一九五〇年代，在今天嘉義水上發現了顏思齊墓，近年也在雲林沿海找到許多遺跡證明了此處的開發時間約莫與荷蘭統治時期相當，這也讓顏思齊的存在多了一份更有利的證據。當然啦，話題如果往下延伸，就會產生臺南跟雲林誰是臺灣第一古城的爭論，非常值得大家親自走訪兩地再來做裁判。

槍在手，跟我走

面對這群來源複雜的人們，明帝國的官方文件給了他們一個帶有貶義的詞彙：「倭寇」。彷彿在暗指這是一群受到日本勢力在背後煽動的武裝集團，但實際上，他們組成的主體來自於漢人，至少超過七十％都是沿海地區的大明子民。

他們在走私上有先天優勢——語言能通、地形熟悉，甚至連要打點哪些頭面人物、怎麼賄賂官府、怎麼行銷貨物或者找買主，他們熟門熟路。這也就是為什麼官方往往剿倭從來沒停手、倭寇從來沒少過，因為打了一批就會讓另一批生活貧苦的人有了「接班」的天然欲望。

當時在明、日，甚至是西太平洋上最多倭寇聚集的據點，就是日本平戶。首先日本並沒有中央獨裁的政府可以管地方諸侯，對這些諸侯來講，誰能夠讓我賺錢，遠比遵守死板的法律重要。

因此，擁有航海傳統的南方就聚集了這群「倭寇」。當然啦，狡兔有三窟是比較安全的，所以海盜們也開始在太平洋上尋找其他據點，而貿易對象便是人口最多、貨物最齊的明帝國。

畢竟海盜也不會愚蠢到跑去復活節島或者帛琉，他們通常會把目光放在今天的第一島鏈上，於是臺灣當然也就出現在他們的雷達之上了。最早傳聞在臺灣有過活動紀錄的，包括一位傳奇的海賊——林道乾，傳聞他透過走私與搶劫，累積了讓明帝國將官眼紅的財富，因此一路從閩浙沿海追殺到臺灣來。

林道乾在眼看無路可逃的狀況下念起咒語、施法將山脊斷開，海浪滔天而來阻止了官兵追殺，從此塑造了壽山與旗津島。而其他像是林鳳、李旦、顏思齊等人，也紛紛曾有來臺紀錄。

其中最有趣的故事，就發生在李旦身上。

海上鴻門宴，贏家輸家最後都一無所有

李旦早期應該隸屬於第一代海盜王直的手下，王直是何許人也？他可是從嘉靖年間就已經混成了在海上喊水會結凍的超級阿尼基，連明朝官員對他都得畢恭畢敬。然而當時在北京煉丹十幾年的皇帝突然腦子發熱，希望浙江地方官能夠徹底根除這個作亂的匪首，於是安排能夠讀書又能夠帶兵的浙直總督胡宗憲出兵，期望他能讓這群反賊早日「嘿嘿～見鬼去」。

然而胡宗憲須面對的問題很現實，就是朝廷當時面對北邊有蒙古人騷擾、南方數千公里海岸線上到處都有倭寇侵襲的局面，顯得捉襟見肘、沒錢可用，加上這群地方官各個私下都跟倭寇有著千絲萬縷的關係，甚至就是倭寇的親戚，這時候他下令動刀動槍的，誰會理他？Who cares？

就在這時，他忽然腦筋靈光一閃，想到一個釜底抽薪的妙計——「直接約王直出來談判」，於是迅速寫了一封信約了這位大海盜，並在杭州大擺宴席等待王直的到來。或許王直覺得自己是個倭寇King，跟胡宗憲也算是同等級，沒有什麼好怕的，所以他真的照指定時間地點準時赴宴。

王直跟胡宗憲是有默契的，胡宗憲確實也沒打算把王直給怎麼樣，試想，他如果直接在宴會上把這個海賊王抓了，那他在海上那幫驍勇善戰的弟兄，鐵定會把山東到廣東之間攪得天翻地覆，所以在彼此都暗懷鬼胎、但又互相具備摧毀對方的實力之下，雙方走向了這場鴻門宴。

這兩位老大都挺聰明，但偏偏底下就有幾個蠢蛋會壞事，聽說了王直居然來到了浙江，朝廷就有人立刻上報嘉靖皇帝，說胡宗憲居然成功將王直逮住了，皇帝好大喜功，立刻下令：「捉住那個王直、別讓他跑嘍！」

於是原本可以相互高來高去的胡王會，瞬間變成了低劣的圈套，胡宗憲被逼著將這位海賊王剿了，而那群愚蠢的明朝官員還興高采烈地慶祝這個天上掉下來的勝利禮物。

王直後來被砍頭了、然後東南半壁江山也亂了，胡宗憲最後也沒好下場，而海賊王死後，海上妖魔鬼怪盡出，當然海盜也是越剿越多，這才有了李旦可以發揮的舞臺。

海盜間盛行的兄有弟攻現象

李旦在成為了新一代海賊王後，由於他的語言天賦更強，使得他能接的業務跟訂單也比起過去有了飛躍性的成長，李旦甚至被當時往來的商賈稱之為「Captain China」，古書通常會翻譯成中國的甲必丹，更潮的一點講，應該就是足以跟克里斯多福・哥倫布一較高下的中國隊長。

而讓他被後世無數腐女追崇的原因，則是他特別的性傾向以及一個公司團隊內部的上位潛規則傳說。由於長期在海上生活，其實海盜內部的陰柔氛圍可能遠超過我們的想像，或者說「柔美的男孩」在海商集團中，也是另一種珍貴的貨物。

海盜必須冒著刀頭舔血的風險過生活，一方面要對付官方追捕、同業競爭，還要征服永遠不安定的大海，為了讓自己不安定的心有一個可以停泊的港口，他們需要更多擬血緣來舒緩這樣的恐懼——稱兄道弟、認義父子就成為這種情緒下的常態。

我必須確保自己的家人有得託付、自己的財產有人繼承、生活當中有人共相扶持，久而久之，越過了性別差距，產生一點曖昧情愫也是非常合理的，這股另類稱兄道弟的風氣就這樣在福建形成了，甚至連保佑同性之愛的神明（兔兒神）也在這裡開始萌芽。

當然，這對北方遵從三綱五常束縛的士大夫來說，就看得無比刺眼，繼續這樣不照天理，天就要不照甲子了。

從《萬曆野獲編》的作者沈德符筆下文字更能看出這種情緒：「**閩人酷重男色，無論貴賤妍媸，各以其類相結，長者為契兄，少者為契弟。其兄入弟家，弟之父母撫愛之如婿，弟後日生計及娶妻諸費，俱取辦於契兄。**」

可見這種情感建立的淵源已久，已經跟彼此的財產、家族、生活方式深深綁定，不純粹是獵奇事件，而是現象級的結構性生態。李旦身為當時的海賊王，怎麼能少了一點契兄弟、義父子呢？

海上黃金美少年，鄭芝龍

在李旦麾下，其中就包括善於打獵拓墾的少年顏思齊、還有男女皆為之傾倒的帥哥鄭芝龍。坊間一直有種比較偏的說法認為，其實《紅樓夢》所講的就是鄭芝龍家族的故事。畢竟「**昨夜朱樓夢，今宵水國吟。島雲蒸大海，嵐氣接叢林。**」這段怎麼看怎麼都像是在講鄭家扛著反清復明的大旗，來到臺灣大做水國夢的故事，而最有趣的就在於，《紅樓夢》裡面各種聰明心機卻又各種作死的王熙鳳就跟鄭芝龍都有一個相同的綽號：鳳姐。

鳳自古以來也不是女性專用的詞，像是鳳雛之稱的龐統、國民政府軍統局局長毛人鳳、或者在《三國演義》裡面出場僅僅兩行就被斬的上將潘鳳，但用這個詞搭配媚態百生的姐字，就讓大家對鄭芝龍的外型有了更大的想像空間了。

至少我們大商人李旦是非常喜歡的，特別是在與外國商行談判時，這位長相俊美又精通各國語言的鮮肉帥哥，便成為公司最佳的活招牌。因此鄭芝龍的地位在海上也逐步提升，直至周圍的人無比眼紅。

鄭芝龍姣好容貌與中國隊長李旦之間的關係，為後人留下諸多想像空間。

對此，筆記型史料《浮海記》就有這段紀錄：「**有李習（李旦小時候的別名）者，巨商也；往來日本，與夷狎，遂棄妻子，娶於夷。芝龍少年姣麗，以龍陽事之。**」

這裡的龍陽兩字就顯得特別意味深長，似乎將講鄭芝龍上位之路寫成了「小祕書逆襲上位」的「勵志」過程，至於這裡頭幾分真假，我們就可以憑藉當時的社會風氣、李旦的過往戀愛紀錄、海上商人的傳統與鄭芝龍後來的地位來進行推測。我個人是覺得真實性十分可靠。

由於顏思齊跟鄭芝龍的生活時間基本重疊，加上二人同為李旦的左膀右臂，論外貌、能力、氣質，一定也不在他之下，至於這兩個人為什麼能跟臺灣產生密不可分的關係，還是跟荷蘭人有關。

明朝：澎湖是神聖不可分割的一部分

十七世紀以後，決心要往東亞進行市場開拓的荷蘭聯合東印度公司在挑選了澎湖作為東出基地後，就觸動了明朝一根極為敏感的神經——即使這個時候明朝已經將近整組壞光光了，但這件事情造成的刺激還是讓它彷彿在安寧病房裡又一次地迴光返照。

「澎湖不行！那裡是我們神聖不可分割的一部分！」對此，明朝多次發動對澎湖的軍事行動，荷蘭在人馬困乏、而且本著我是來做生意沒有要跟你拚命的心態，迅速調整對明朝的態度。雙方在發現彼此都有臺階可以各退一步後，中間需要的潤滑劑，自然會有人遞上。沒錯，這個角色就是遊走於黑白兩道、華洋兩邊通吃的李旦。

李旦派遣手下最會說荷蘭語的鄭芝龍協助明朝與荷蘭，在一面顧及兩方利益同時，也把自己的市場再次擴大，買辦最會的那一套：拿洋人的東西唬唬明帝國、拿明帝國的條件呼嚨西方人，成功為自己奠定在太平洋上最大的既得利益者地位。

如果，大家可以明白臺灣從歷史開始書寫的那一刻起，就處在一個勾心鬥角的國際棋盤上，還被一群唯利是圖的人們拿來作為博弈籌碼，背後充滿複雜但有趣的人心算計，或許便更可以理解當前臺灣的狀況。

當前的臺灣無論是內部風氣、社會問題還是卡在國際十字路中間的尷尬，命運都在四百多年前就已經奠定。無論是商人的基因、冒險者的天堂、善賭好鬥又善於逢迎，組構了這個島國一些被深刻在記憶裡的元素，混亂卻精采。

歷史情境對話站

1. 明代海上貿易盛行，大家都在追求更豐厚的利益，若當你走進咖啡店，大家卻都在聊投資或者商業合作，你覺得這是好事嗎？這是否跟我們的歷史背景有關？
2. 從鄭芝龍的創業過程，可以看見一個成功者的何種特質？優秀的語言天賦、不自我設限的生涯規劃、還是外貌姣好者天生不公平的魅力？
3. 從歷史先來後到、或者統治合法性等角度來看，誰是臺灣的祖國？

延伸關鍵字 想知道更多，請搜尋——

#顏思齊 #荷蘭獨立戰爭 #契兄弟

【02】

漢人與原住民的三八線，欸你越界了

歷史小檔案

登場人物

新港社頭目理加、大肚王國米達赫王

發生年代

1624 ～ 1661 年

國際上正發生

- **英國**：1620 年在英國生存不下去的移民們，發現自己也無法接受荷蘭風俗後，繼續將船隻駛向新大陸的北方，這艘小船叫五月花號。
- **中國**：大明帝國隨著 1 年之內連換 3 任皇帝的變動，使得內朝太監權力開始膨脹，直到 1620 年前後，他已奠定了自身龐大而難以攻破的權力網絡，這位公公的名字叫魏忠賢。
- **荷蘭**：此時荷蘭的強大，使得他們在與西班牙的荷蘭獨立戰爭中逐漸獲得優勢。

原住民作為臺灣最長時間的主人，在漫長的萬年時間裡形成了獨特的宗教、社會結構，然而面對大航海時代的衝擊，無論東方帝國還是西方世界都在改變他們的生活方式。

當荷蘭為了各種利益目的來到臺灣，帶來的基督新教、羅馬文字又會怎麼影響歷史，原住民是如何透過戰爭、妥協、折衷的過程達到與荷蘭形成共治？

一六二四年，荷蘭人與明朝為爭奪澎湖統治權掀起戰事，加諸李旦從中斡旋，荷蘭終於撤兵，並獲得明朝政府同意，確立荷蘭雖不能進澎湖，但可以在臺灣發展。於是荷蘭人便迅速地調轉船頭，踏過黑水溝來到這片被明帝國視作化外之地的小島，史稱澎湖之戰。

在最初，應該沒有人料到原來這片小島帶來的商機會如此驚人，作為轉口貿易的中繼站，臺灣跟荷蘭的關係比較像是宅急便公司跟連鎖便利超商一樣。

如果要方便把歐洲貨物運到亞洲來賣給當時全球最大的市場明帝國、日本，那臺灣就是最好的倉庫，讓這兩個國家過來領貨；反過來要把明、日兩國的商品運到歐洲去賣，同樣也需要臺灣這個倉庫。

只是後來荷蘭人發現，臺灣的水土適合種甘蔗、附近可以提供的勞動人力又超便宜耐操，感覺到臺灣價值是真的不只一點點啊！

那時候最善戰的民族，可不是俄羅斯

但當荷蘭人真的進到這片土地之後也發現，原住民好像沒這麼好溝通。十七世紀如果不以外來者的角度看待臺灣，當時臺灣內部其實已經形成了戰國群雄割據的狀態：從漫長的長濱文化到十三行的過渡，臺灣西部農耕精華區，已經陸續由原住民所建立的各種政治聯盟進行有效的管理。

中部的大肚王國、南方的瑯嶠王國，都不是荷蘭輕易惹得起的政權，在官方所記錄的《熱蘭遮城日誌》中，更是提到這些原住民的首領都是君主，在其統治範圍內具有威望，而荷蘭畢竟只是來做生意的，沒道理跟他們直接發生衝突。

於是這時候荷蘭總督都會採取兩套有效而且成本較低的做法：「遠交近攻」、「以夷制夷」。對於跟自己相距較遠的南方國度、大肚溪流域政權採取和平共處的方式；而距離自己根據地熱蘭遮較近的蕭壠社、目加溜灣社、麻荳社、新港社，則進行不同程度的武力侵犯。

當然任何外來者都會知道，利用內部不團結進而各個擊破，是一種最低成本也最高效率的作法，島上原住民幾百年相處下來，不同部落之間的衝突摩擦也多，經由外來者蓄意分化挑撥，自然也會讓矛盾尖銳化。

但上有政策，下自然就有對策，原住民畢竟在這片土地上生存這麼久，有道是強龍不壓地頭蛇，他們各自都有一套與荷蘭統治者周旋的辦法。

❶ 善戰到讓荷蘭人害怕的麻荳社

原本麻荳社其實是戰力很驚人的存在，早在十六世紀，就曾經打敗來自明朝的海盜林鳳，這群戰力十足的亡命之徒原本以為原住民大約也沒什麼戰力，想不到這群霸氣外露的傢伙剛上島就遭遇浩劫，一口氣被麻荳人射擊殺死五百多名同夥，最終只得狼狽逃亡到馬尼拉，稱呼麻荳人為戰鬥民族都不為過。

後來等到荷蘭人來臺，各種不滿自己土地被占領、生活方式被改變的麻荳人再次熟練發動了武裝抗議，最後殺了六十幾個荷蘭官兵，為「麻荳社之役」。恰巧這時候荷蘭人正因為在金門慘敗給鄭芝龍、於雅加達統治基礎不穩、日本又一副隨時要來進攻熱蘭遮城的內外交迫下，硬生生只能把這件事吞了。

❷ 挾和自重的高手新港社

當你面對強敵環伺、又有外來者各種挑釁滋事時，新港社原住民為我們演繹了一場精采絕倫的外交大戲。

當時新港人知道日本與荷蘭的貿易衝突非常嚴重，一名日本商人在熱蘭遮堡附近做生意，因為不滿荷蘭稅收過高，拒絕繳納任何一毛錢，結果荷蘭一不做二不休，直接把人家所有貨物都扣押了，這下日本商人暴跳如雷，開始想著怎麼跟荷蘭人玉石俱焚。

剛好這個消息被新港社的頭目理加知道了，他決定跟隨日本商人走一趟江戶城，面見當時幕府大將軍德川家光，看看能不能也來學習荷蘭玩一套以夷（日本）制夷（荷蘭）的好計。

剛好當時荷蘭正陷入在一個大人都想甩鍋、不想處理這個複雜的商務衝突中，於是便把任務丟給一個年僅二十九歲的倒霉年輕人彼得．納茨（Pieter Nuyts）身上，這個事情自然處理得一塌糊塗。

就在天時地利人和的搭配下，理加居然真的順利來到了日本，並達成與德川將軍會面的階段性任務。可惜，因為當時新港社與整個熱蘭遮周圍都流行瘟疫，德川家光不但對攻臺提案興趣缺缺，更是對這群病毒帶原嫌疑者感到厭惡，於是臺灣被納入日本帝國版圖的時間被延後了整整兩百六十九年，而這件事無疑是給荷蘭當局嚇出了不知道多少冷汗。

偷渡意識形態，史上早有先例

那聽起來憑藉善戰本領、主場優勢跟人數優勢的原住民，應該是可以輾壓荷蘭人才對，為何後來會必須扯下臉來跟荷蘭共天下呢？

原因很現實也很無奈，一來是瘟疫，一六三五年的南臺灣陷入嚴重的疾病問題，麻荳、新港都發生了大量年輕勇士過世的悲劇。抓住機會的荷蘭人，趁機發動了聖誕節戰爭，一鼓作氣打敗跟他們在西部爭雄的原住民，甚至一口氣打到南部的小琉球，留下了把他們困在山洞聚而焚之的人間慘劇，這就是這塊美麗的珊瑚礁島上「烏鬼洞」的由來。

另一方面，荷蘭人則是透過漢人買辦，從福建沿海地區引進了大量漢人勞工，這群為數極為龐大、工作效率又高的人群，彌補了荷蘭統治者在臺灣人數不足的劣勢，用漢人來對付原住民可真是一筆划算又便宜的交易，如此一來以夷制夷徹底完成。

這也就加強了原住民跟荷蘭的合作基礎，漢人可以跟你互動，我們也行，而且漢人會的那一套我們更會，也更有談判籌碼，簡而言之，我們比漢人更具有統戰價值！他們只能傻傻提供勞力，我們能供給的資本、土地比他們更多！由此，荷蘭人展開了原住民的洋化過程。

我們可以知道的是，荷蘭人發明了一套用羅馬拼音為基礎的原住民文字：「新港文書」，並且透過宗教緩解了彼此的差異，加深了荷蘭政權在臺統治的控制面向，達成入島、入戶、入腦的意識形態偷渡過程。

當然，荷蘭人手上的武器也不曾放下，他們隨著在西南地區的統治越來越穩固，自然就把觸角再往中北部發展。

一六四二年，荷蘭把北臺灣的西班牙勢力徹底趕出，並且順勢南下收拾大肚王國，雖然戰鬥過程十分激

1642年，荷蘭將西班牙勢力徹底趕出，重建了紅毛城。

烈，原住民也已經盡力，但仍然無法扭轉火砲跟武器上的差距，最後大肚王國象徵性地向荷蘭低頭。

國際化？原住民早就開始了啦

荷蘭由此展開了把中世紀歐洲封建制度在臺灣重建的重大轉變，現在我們熟知的原住民部落長老體制，其實也是開始於這個階段。透過願意跟荷蘭合作的原住民頭人，向下延伸出綿密而且深厚的授權關係；透過權杖、禮物的授與，以及每年在臺南召開的大會，讓這套來自西方的體系與原住民之間巧妙的連結上。

當然，透過這個制度，可以更加強化以夷制夷的策略，還有更進一步拉攏原住民來對抗人數越來越多的漢人，重點是統治成本還超低，效果又出奇地明顯。

像是後來漢人因為不服荷蘭剝削，進而引爆的郭懷一事件❶，很大程度上就是因為原住民的幫忙，才能輕易地平定。另一方面就是新港文書的運用，它比我們想像的更具有生命力，一直到十九世紀，漢人跟原住民出現土地買賣的契約時，都還必須一約兩式，用漢文跟新港文同時書寫，彷彿是現在的串流平臺影片字幕，可以同時英漢並存。

現在當我們理解這段故事後，重新來看原住民部落的長老制度，是不是有了他們肩負的職責跟中古騎士一樣的感覺？同樣有著堅定信仰、同樣接受榮譽授勛、同樣為自己所捍衛的價值而存在。至少從他們書寫的羅馬拼音以及跟西方合作、信仰基督宗教的觀點來看，原住民可能相較於漢人，更加具有國際觀與外交視野。

有意思的是，十九世紀末的時候，一位德國探險家史德培博士攀登玉山時，在竹山看到了在地的鄒族頭目，他在日記寫下：「**他的輪廓不似馬來人，更像是一個荷蘭人的後代。**」是的，就連血統上，原住民也早已步入國際化。

---

❶ 郭懷一事件：一場漢人不滿荷蘭東印度公司剝削所引爆的反抗事件，漢人雖擁有人數優勢，卻不敵西方先進的火藥武器。同時，漢人也有虐待荷蘭聘請的黑人奴隸的不光彩紀錄。

歷史情境對話站

1. 臺灣很常討論彼此的血統，或曾在某國留學、雖有臺灣血統，但在國外長大，習慣講某國語言等，哪項因素才是你的身分認同來源？

2. 過往曾經有血統的報告指出臺灣大部分都具有平埔族血統，所以我們的祖先其實與中國無關，你認同這種看法嗎？

3. 原住民接受荷蘭的文化是他們自身文明的流失，但同也有了新港文書可以記述屬於他們的歷史，究竟此一過程是傷害、還是時代齒輪下的正向發展？

4. 臺灣如今年輕世代對母語的陌生，甚至英文講得比臺語好，跟四百年前原住民逐漸失去自身文化是不是有相似處？

延伸關鍵字　想知道更多，請搜尋——

#漢人移民　#宗教滲透　#原住民長老制度

03

遭受迫害似乎是全世界原住民族的宿命

歷史小檔案

登場人物

海賊王二代目鄭成功、滿清官員、張達京、劉國軒

發生年代

1661 ～ 1862 年

國際上正發生

- **歐洲大陸**：隨著啟蒙時代與雙元革命❶的到來，歐洲的工商業、國家體制發揮的優越性遠遠領先了東方帝國。
- **基督教文明圈**：從 1648 年簽訂《西發利亞條約》後，基督教文明圈結束了百年以上的宗教戰爭，開啟了下一階段的探索。
- **中國**：清帝國則在康雍乾盛世的光環之下，不但使權力結構更加集中於皇帝一身，並且在人口紅利仍然迷人的條件中，沒有工業革命的必要性。
- **美國**：在北京上演《甄嬛傳》與《延禧攻略》的同時，美國的獨立戰爭與拿破崙正蓄勢待發，準備開始改變世界的征程。

漢人向來存有自身擁有文化與經濟雙重優越條件的驕傲，然而在他們成為臺灣這塊島嶼上優勢的族群之後，對於人口與自己等量齊觀、生存帶來威脅的原住民族卻展開了前所未有的大規模迫害。他們手段之野蠻、粗暴，其實不下前一階段裡歐洲白人在美洲、非洲所犯下的惡行，伴隨著刨根式的侵略，在整整兩個世紀裡，對原鄉的破壞終於使得自身取得了壟斷地位，然而犧牲的卻是原住民族斑斑血跡。

與原住民族群早早就被嵌入了世界體系不同，十七世紀時的漢文明，正在面臨天翻地覆的毀滅過程中。滿州女真以十二萬人馬踏平了人口數千萬的華夏大地。漢人文明中最卑劣的內鬥、自毀、爭相做奴才的南明時代就此拉開序幕，而臺灣也在屢戰屢敗的鄭成功選擇轉進下，意外地與漢文化圈有了更大的交集。比起荷蘭人的胡蘿蔔與巨棒，漢人其實對原住民來講更加不友善，在他們面前擺著的，是一把把染血的屠刀。

鄭家曾經一度是整個太平洋上的第一戰鬥力，他們的勢力在明末時期達到鼎盛，這群倚靠自己實力，逼迫政府承認鄭家海商，幾乎已經囂張到了抓都抓不住。

鄭家除了可以在各國之間調和鼎鼐以外，船艦數字、海員人數、賺取的佣金、收取來往船隻的保護費，以及自身經營的走私貿易，更是讓他們強大得像是漂浮的海上帝國——沒有固定領土、經濟卻無比強大、而且各國都拿他沒辦法。

玩兩面手法的鄭芝龍，終被滿清割韭菜

荷蘭人曾經聯合香港、澳門以及明朝沿岸的一些小海盜，想對鄭芝龍的部隊開火，一六三三年在人數、船隻規模的各項優勢之下，以荷蘭為首的聯軍居然在金門被打得片甲不留，史稱料羅灣海戰。此後清朝荷蘭也多次聯手，想跟鄭家軍艦在黑水溝一較長短，結果每次都是自己比較短。

但鄭家卻因為長期在玩兩面手法的過程當中，卻不小心玩砸了，果然逃不過俗諺說的：「會淹死的，通常都是會游水的。」等到清軍入關以後，原本為大明帝國招撫的鄭芝龍就開始心亂如麻了，是該跟明朝一起搭上鐵達尼號沉船見鬼去呢，還是應該投靠清朝這個新老大？

剛好清朝最缺的就是水軍，如果我能給予他們最需要的，能不能換到比現在更高的地位？這些念頭像是小惡魔般，在鄭芝龍內心越漲越大。後來他受不了誘惑，跟滿清大將博洛進行了一場浮士德交易，把靈魂、海軍以及自己的未來通通送給了滿清新主子。

但隨著你把所有籌碼毫無保留地雙手奉上時，等同你已經完全喪失談判的資格。鄭芝龍後來就被滿清割韭菜似地奪了兵權、押送到北京軟禁起來。這位曾經縱橫大洋的超級帥哥、一個人人聞之喪膽的海上帝王，就這樣徹底淪為階下囚。

而他的長子鄭成功，則選擇另一條跟父親截然不同的道路，他選擇了漫長而且痛苦的抗清之路。經歷了無數失敗後，一六五九年退出南京之戰的他心灰意冷，只好聽信手下建議，一六六一年，他前往攻打號稱「沃野千里」

鄭成功費了九牛二虎攻下臺灣，將鄭氏王朝的勢力繼續擴大。

可以足兵足食的臺灣，隔年二月終於打下臺灣，這便是鄭成功攻臺之役。

但當國姓爺耗費九牛二虎之力終於將臺灣收入囊中時，才發現這裡跟想像的不一樣。他一直以為打敗了荷蘭人之後，就已經算打敗大魔王，破關了！想不到真的進到熱蘭遮城後才發現，他要面對的，還有比荷蘭人人數更多、問題更加複雜的原住民部落，而且他們仍然占據著肥沃的土地，如果要進行開墾，勢必要跟他們展開武力衝突。

不管了，來都來了，那就硬上吧！或許上天留給鄭成功的時間的確也不夠長，無法來得及思考出全盤性的戰略、既能不傷害到當地住戶，又能兼顧手下十萬張嗷嗷待哺的士兵之口，於是他採取最為原始野蠻的方法對付眼下的困局：軍屯與屠殺。

原住民淪亡三部曲一：沙轆大殺戮

正史上的鄭成功的確脾氣不好，在軍中常有殺降、遷怒、爆氣的紀錄，他將熱蘭遮城投降的五百多人幾乎全部屠殺殆盡，在處理原住民的問題上，更是把他的暴力本質展露無遺，現在聽到的左鎮、前鎮、林鳳營、柳營等地名，就是他用軍隊強行與原住民部落「互動的紀錄」。他透過軍隊進行拓墾，增加軍隊的糧食產量，但原住民也是真的不好惹，鄭成功在南征北伐的過程中，可以說又再次累積滿滿的挫折感。

鄭成功向南進攻瑯嶠十八社，被襲殺七、八百人、向北進入濁水溪後，又被大肚王國斬首數千人，這可都是隨他鏖戰大江南北的百戰親兵，結果通通在荒煙蔓草之地喪盡，可想而知這時候他內心的鬱結。

三十九歲的鄭成功，在占領臺灣的隔年便撒手人寰，隨後鄭家內部爆發王位繼承戰，勝出的鄭經雖然看似穩固的接班，但也丟掉了在福建沿海的所有基地，家族內部同室操戈更是讓鄭家海軍進一步削弱，他也只能隨著手下一起渡海，來到臺灣進行更大規模開墾，以彌補當時在原基地上的損失。鄭經所想到的策略也跟父親一樣，往北開墾當時臺灣最精華的糧倉——中臺灣，於是他跟驍勇善戰的猛將劉國軒開始了征討的旅程。

一六七〇年，鄭經與劉國軒二人在沙轆進行了一場慘絕人寰的殺戮後，原本的大肚王國大肚社，瞬間人口只剩下了個位數，逃跑的原住民們躲進埔里、水里等南投的深山之中，這也使得原漢之間的天秤出現傾斜，漢人以其壓倒性的人數優勢與武力，即將對原住民造成毀滅性的打擊，史稱「沙轆社之役」。

原住民淪亡的三部曲二：土牛溝與割地換水

等到一六八三年，鄭家王朝因為一連串的外交失誤與自身的內鬥後，正值滿清帝國上升期的他們面臨了滅頂之災，康熙皇帝用姚啟聖、施琅等人的策略決定渡海攻臺，並在隔年將臺灣納入帝國版圖。

同樣作為少數民族，滿清會不會對原住民有著更大的寬容與理解呢？答案是絕對不會。人與動物最大的不同，就在於我們的欲望永遠沒有極限，換了位置之後，就一定跟著換位思考，從來都不會記得身為少數時有多痛苦，而是在自己有機會成為既得利益者後，把過去所受過的屈辱跟挫折連本帶利討回來。

滿清對原住民的統治也是如此，一開始他們甚至打算對原住民視而不見：最明顯的就是在臺灣劃下給漢人跟原住民分隔開來的土牛溝。

這個政策具體執行辦法很簡單，便是在平地與山區之間挖開一條類似水溝的土牛界，規定漢人與原住民必須謹記這條線並且老死不相往來，如此就不會有衝突、也不會有麻煩，從此統治問題將一勞永逸地解決。

◆漢人單方面的空手套白狼：迫使原民起身反抗

但這個政策的制定者，完全就是抱著無比愚蠢的鴕鳥心態，事關生存，問題豈能夠靠一條線就解決？這也太理想化了。現實狀況就是，漢人為了能夠獲得山區資源、並換取原住民部落裡珍貴的物產，不惜越界冒險，跟原住民產生衝突仇恨後，再跑出土牛線。

原住民當然也不是吃素的，於是各地都有因報復而滋生的衝突產生，被漢人欺騙的他們失去了土地、改變了自己的文化、甚至逐漸放棄原來的生活方式，被刨根式地斷絕了精神上的繼承。

康熙時代第一位來臺紀錄原住民生活的郁永河講得最為深刻，原本一群純粹到「**不識不知，無求無欲。自游於葛天、無懷之世，有擊壤、鼓腹之遺風**」❷的人，到了幾十年後協助平定朱一貴事件來臺的藍鼎元筆下：「**所望當局諸君子，修德化以淪浹其肌膚，使人人皆得宴遊焉，則不獨余之幸也已。**」❸文間展現出漢人文化入侵的脈絡，從對這種純樸生活方式的歌詠，到想要「教化」讓整個部落可以成為漢人觀光地的心態轉變。

當然，原住民部落妥協也是這種自我文化意識流失的關鍵，逐漸有些部落開始順服於中央朝廷，繳稅給滿清，藉此來換得政治上的權利，以此清政府就用納稅作為標準，將原住民分成了乖乖按時定量繳稅的「熟番」、降叛不定繳稅全靠心情的「化番」、跟完全不甩政府甚至與之對抗的「生番」。

叛逆是要付出成本的，與漢人合作從中尋求雙贏的「聰明人」永遠都不缺，其中以漢人張達京的故事最具代表性。這位原本居住在廣東的客家移民，憑藉他過人的語言能力與談判天賦，在他二十一歲來臺以後，迅速地達成跟原住民部落的合作，以聯姻的方式讓自己成為番仔駙馬，並且透過他對尋找水源的天賦，控制了水的使用權，以此來跟原住民交換土地的使用權。

由此，缺水的原住民部落獲得了「恩典」可以使用水，而漢人則獲得了大片肥沃的土地可以進行開墾，看似公平的交易，其實就是漢人單方面的空手套白狼。隨著漢人移民數量日增，原住民的生存空間日益縮小，原本西部平原上獵鹿的鹿場、自由奔放的原野，成為了一畝一畝的良田，打獵成為了歷史名詞，原民也更加徹底地被同化。

然而就像是電影《賽德克．巴萊》❹所言：「**如果文明是要我們卑躬屈膝，那我將讓你看到野蠻的驕傲！**」有一群原住民在各種迫害與痛苦當中，決定起身反抗清帝國與漢人文明的滲透。

原住民淪亡的三部曲三：大甲西社事件

一群被過度勞動的原住民，在當時一個少年頭目林武力的帶領之下，從大甲開始，聯合吞霄社（今通霄）、苑裡社等八個部落進攻沙轆，淡水海防同知張弘章單騎逃往彰化，聲勢大振的原住民繼續把矛頭指向霧峰，逼得清朝必須嚴正面對。

彰化知縣陳同善，與清朝在臺最高長官臺灣道倪象愷，派大軍坐鎮第一線，並且開始招撫策略，願意提供與自己合作的原住民每人四尺布、四兩鹽以及每日一升米，面對巨大的誘惑，反抗聲浪瞬間消滅，最後只剩下大甲西社獨自負隅頑抗。

歸降後的下場大概就不用說了，清廷在掌握壓倒性優勢後，勸降了大甲西社，並且故態復萌，繼續對當時的原住民採更高壓的統治手段。就在一個平凡的午後，運著清朝官員需要的木材、糧食來到官府的原住民，忽然在沒有觸犯任何法條的情況下被逮捕了。

原因很簡單：大清官員想要來個殺良冒功的操作，畢竟對於清軍來講，大陣仗都擺開了，如果事件這麼簡單就結束，那不是白白浪費一次升官發財的機會？如果能夠以「抓捕刁民」來向朝廷邀功，看起來實在是低成本、高報酬的決策。

怎麼可以這樣呢？好不容易透過「歸化」、「投降」想換取和平的原住民們，當然必須到官府要個說法，他們像是現在會前往凱達格蘭大道表達訴求的群眾一樣，來到了當時的彰化縣城，希望文明的縣太爺陳同善能夠給出一個合理的解決方案，公平地處理爭端。

但陳同善這個書呆子竟只是叫大家要懂感恩、沐浴皇化，當他說出「我把你們當人看」等一系列之乎者也難懂的話後，立刻引來哄堂大怒，空氣裡充滿了想掐死他的氣氛。他原想要和稀泥解決，結果引起的怒火一發不可收拾。

這下子事情就沒這麼好收拾了，暴怒的原住民部落，這次就不單單是八社起義這麼簡單，當時整個原大肚王國統治範圍內的部落，通通壓不住怒火，長期以來累積的痛苦，必須要找到一個出口。

於是滿清統治兩百多年最大規模的一場原住民起義再次推向高峰，他們包圍了當時彰化縣府，而且大有將其攻破的態勢。

眼看局勢對清軍大為不妙，但開上帝視角的我們都知道，清朝並沒有因此退出對臺的統治，甚至這場起事，在過去也很少出現在教科書當中，究竟原住民是怎麼失敗的呢？

任何文明崩解，都源自於自毀

英國歷史學家湯恩比曾經說過：「**任何偉大文明的崩解，都源自於他的自殺。**」；《紅樓夢》裡最明事理的第二代賈探春也說過：「**像我們這樣的大家族若有人從外頭殺進來，一時是殺不死的。唯有自殺自滅起來，才會一敗塗地。**」

大約這兩句話也都很適合套用在這次事件當中，原住民當中出現了叛徒——沒錯就是在上一個章節提到的張達京以及與他合作的岸裡社，這時人口多又具有經濟實力的他們，毫不猶豫地倒向清朝黃龍旗下，配合官軍對原住民部落發多幾次進攻。

最後水裡社、牛罵社相繼淪陷，苑裡、吞霄、大甲西社、貓盂社投降，最後清軍在這片土地上展開野蠻的屠殺，留下了一個極為慘烈的局面——「**番婦半寡居、番童少雁行**」。此話意即大量的原住民男子因為戰爭而慘遭屠戮，女子守寡，而小孩也已經少到難以倆倆出現，這種悲慘的局面最終還留了一隻令人作嘔的尾巴。

為了凸顯原住民的不受教化，以及希望他們後代能改過「向善」，清廷特別恩旨將大甲西社改名為「德化社」牛罵頭社為「感恩社」、沙轆社為「遷善社」，然後將現在的八卦山取名為「定軍山」，山頂的涼亭則名為「鎮番亭」，大有肉體上摧毀你還不夠，必須站在道德高地上再對你們吐上幾口唾沫的既視感。

經過此一事件後，大肚王國昔日能夠與外來政權進行談判的籌碼全面消失，與帝國合作的岸裡社成為新寵，原本團結的部落之間也結下血海深仇，或者往裡遷至內山避禍，此役之後，西部平原地區的原住民勢力徹底衰退，剩餘的就是在大戰之後只希望能夠生存而必須向朝廷下跪懇求施恩的難民，善於政治表演的雍正大帝立刻擺出一副仁慈聖主的樣子，給予這些遺孤撫卹，藉此換得他們的感恩。

而在此事件之後大獲全勝的岸裡社，成功接收了大片原本屬於大甲各社的領土，成為整個臺中盆地與彰化平原上最大的贏家，果然跟當權者合作的好處是海量的，什麼道德正義、誰欺負誰、什麼公平，擺在權力面前，毫無價值。

大抵上，臺灣人病態的「奴性」絕不是一天造成的。

---

❶雙元革命：法國大革命和工業革命。
❷出自：《裨海紀遊》。
❸出自：〈紀水沙連〉。
❹《賽德克・巴萊》：二〇一一年上映的臺灣電影，改編自《霧社事件》。

歷史情境對話站

1. 如果你身為滿清皇帝或鄭成功等外來統治者，如何能在人數劣勢之下，維持在臺灣的統治？
2. 從清領到日治時期，奴性是一段長期馴化的過程，你認同爸媽越凶，教出來的小孩越乖嗎？出社會後會更容易立足嗎？
3. 社會上的疑美論者會提到大西部開發時的種族滅絕行動，大家覺得渡海而來的漢人，現在是不是也背負同等的責任？

延伸關鍵字

想知道更多，請搜尋——

#鄭成功攻臺之役 #大肚王國

【04】

開山撫番？分明是清朝對原住民瘋狂 PUA。❶

歷史小檔案

登場人物

卓杞篤、李仙得、劉明燈、劉銘傳

發生年代

1862 ～ 1895 年

國際上正發生

- 德國：19 世紀末的歐洲隨著克里米亞戰爭、德國統一戰爭的進行，一場瘋狂的民族主義與社會達爾文主義的風潮襲來。
- 日本：為了避免自身的落後進而導致亡國，日本開啟了明治維新的道路，然而這條染滿鮮血的改革卻是無比艱辛的前行。
- 中國：清帝國隨著英法聯軍擊破北京，開啟了長達三十餘年的自強運動，並且建立威震東亞的北洋水師。

清帝國對臺長達兩世紀的「土牛政策」被列強找到了法律漏洞進而瘋狂展開挑戰，臺灣也在此時又成為了世界爭霸的焦點之一。隨著東西帝國的進一步衝突加劇，島嶼上的原住民面對的是漢人人數已然遠遠超過自己、並且繼續壓縮生存空間的多重挑戰。在無數發財夢達到頂點的開山撫番階段，漢人狂歡的同時，卻也很少人聽見原住民的哀歌。

隨著海禁解除，以及漢人人口的巨量增加，屬於原住民的生存空間進一步壓縮，大概只剩下現在的臺三線以東的區塊，因為大清帝國始終對於山區以及東部興趣不大——開發成本太高，而且獲益可能有限，因此對這塊真正意義上的「化外之地」始終採取睜一隻眼閉一隻眼的態度。

要讓一個人開始重視自己擁有的、進而真正去珍惜的方法只有一個——當出現競爭者的時候。這時候一場飛來的橫禍，招來了新興世界強國對臺灣的覬覦，這個衝突就是八瑤灣事件，而它更是引起了另一個更有聲量的「牡丹社事件」導火索，而早在牡丹社事件前，臺灣便已因為一連串發生在恆春半島的國際事件，站在了風口浪尖上。

中英美日野心交織的斯卡羅狂想曲

◆前奏：羅妹號事件

一八六七年的春天，一艘美國船隻——羅妹號不幸在恆春半島的西側觸礁，船長與十三名船員在沉船之前幸運地登陸，但更可怕的命運還在前方等著他們。

這群美國人來到今天社頂公園周圍，他們遇見了百年前讓荷蘭人都望而生畏的瑯嶠部落原住民，當然有人會在這裡簡單將他們歸類於排灣族人，但實際上他們的組成比想像中要複雜。

傳說中瑯嶠十八社的統治者原本來自於臺東，善於農耕與魔法的他們在戰爭過程中敗給了普悠瑪社，並且受到追殺因此一路沿著今天南迴、以及阿朗壹古道向恆春半島前進。

身為外來者的他們憑藉著呼風喚雨的法術，在臺東長年經歷戰鬥洗禮的武力，以及利用在地各部落的矛盾，反倒坐穩了領導的地位，而且在外人看來他們就是坐在轎子上的民族，這也就是原住民語發音的「斯卡羅」由來。

斯卡羅的統治在遭遇荷蘭、鄭家、清國三次挑戰下，政權都仍然穩固，由此可知他們在地的經營之深，以及在恆春半島的優勢地位。

因此當他們看見了來自美國的這群外邦人時，內心的排外、恐懼、懷疑與不安，最終引發了一場悲劇——在海難中僥倖逃生的船長與他的妻子、夥伴慘遭屠殺。唯一一個在驚嚇中死裡逃生的倖存者，一路跑到了高雄的英國領事館，希望英國領事們可以給予他們幫助。英國人的處理方式很實際，先是立刻在媒體上刊登這則消息，希望引起各界關注。

接著再來一手硬的：直接派遣軍隊到恆春半島去，對斯卡羅武力震懾。想不到的是，這幫原住民的戰鬥意志跟能力都遠超想像，英國軍隊登陸島上作戰，在不熟悉地形以及水土不服的狀況下慘敗，回到軍艦上後，便對部落展開砲擊，卻沒有收穫對手任何一絲恐懼，反而加深了原住民團結一致的共識。

於十九世紀威震五大洋、七大洲的日不落帝國軍艦，最後居然黯然收手，這實在是震撼世界的一條新聞。這讓整起事件最大受害國——美利堅選擇不再沉默，他們派出當時在廈門的領事李仙得渡海來臺處理，並與清朝交涉，希望官方能給予一個合理的解釋以及後續的處理方式。

◆主旋律：福爾摩沙遠征

當然，儘管放心，清朝政府做事從來不讓人失望的，當時負責處理事件的官員從頭到尾就一個態度：擺爛到底。

清朝的官員大老爺拈著鬍鬚跟這幫不懂事的美國人說道：「臺灣啊，雖然是我們的領土，但這幫生番我們無法可治也無理可管，畢竟他們的生活空間，已經在土牛溝之外了，所以不能算是我們的子民，對於你們船員的遭遇，我們感到很抱歉，但僅止於此。」

這種論調當然得不到美國人的諒解，於是他們打算直接動用武力，讓瑯嶠人知道自己惹錯人了。美國當時剛打完南北戰爭，國家的工業與經濟正在迅速復甦，而且美國長期以來，也一直對臺灣懷有獨特的情感。

早在黑船事件[2]之前，培里就曾經向國會提案要把臺灣收為國土，現在看到清朝對自己領土如此吊兒郎當的樣子，更是徹底挑動了他們心底各種複雜的恨意與征服欲，就這樣吧，出征！

一八六七年，在羅妹號事件發生三個月後，數百名飽經訓練、最精銳的美國海軍，在少校麥肯齊的帶領下，進攻了今天的度假勝地——墾丁，沒有意外的話，這個下個世紀將稱霸全球的超級強權，理應能在戰爭中以秋風掃落葉之姿擊敗原住民。然而，不出意外的話，馬上就要出意外了。原住民武力與反抗意志極強，甚至在前線將美軍少校擊斃，這讓全軍士氣頹喪，在敗北的陰霾裡，殘兵只好北返臺南，史稱美國福爾摩沙遠征。

消息一傳來，美國方面再也坐不住了，認為這件事情已經退無可退，如果問題已經嚴重到這個地步你們清政府還繼續裝睡，那美國將不排除一切可能的處理方式。

這下子，大清這幫官員終於發現不太對勁了，綜觀整個十九世紀末，清朝受到的「欺負」，往往都是因為他們對國外權益受損時，採取一種高姿態的不作為導致，講白了，所有的慘劇他們自取其辱。

如果美國在臺灣損失的人命與利益得不到賠償或協助，只怕生起氣來會殃及大天朝，於是恭親王奕訢只得下令，要在臺的最高軍事長官劉明燈協助美方代表李仙得，兩人攜手前往了恆春半島，試圖直接跟斯卡羅的領袖來場高層會面。

但在這個時候，大清又毫不意外地扮演起事件推動的絆腳石，劉明燈開始使用各種方式阻撓雙方的見面。這裡推測，如果清國跟美國、瑯嶠進行三方會談，會立刻暴露一個問題：大清始終在這片土地上沒有統治合法權。

在臺灣這片島嶼上，多的是帝國無法管理的區塊，這件事情往面子上說實在難聽、往裡子上說也可能導致骨牌效應，如果讓各國發現原來這片土地上存在灰色空間，萬一引爆大家爭奪的野心，再來一次英法聯軍的鬧劇，那大清不死也只剩半條命。不要忘了此時距離火燒圓明園只過了不到七年的時間。

◆終曲：南岬之盟

但生命總會自己找到出路，特別是美國這種既有冒險精神、又有開拓經驗的民族。同年十月，李仙得透過多次交涉，繞過了清政府的官員，私下在今天墾丁國家公園的出火風景區，得見瑯嶠十八社的領袖、調和鼎鼐的絕世高手卓杞篤。

雙方在坐下來之後忽然發現，過去有很多衝突跟誤解，實際上都是中介的漢人所造成，原住民對西方人的仇恨，原是累積於百年前的祖先的教誨，所以對於金髮碧眼的外來者，皆採取了極端暴力的態度。

這也就是我們在〈漢人與原住民的三八線，欸你越界了〉（P.39）提及的聖誕節戰爭後續影響，許多在今天屏東、高雄的原住民在戰敗後只能更往南邊的恆春半島撤退，最終成為了瑯嶠十八社的一分子。

當苦痛的經驗成為家裡代代相傳的血淚史後，仇恨就這麼流傳下來。雖說過往難以彌補，但活下來的大家至少可以往前看，從今以後上個世代的仇恨一筆勾消，未來西方人的船隻路經恆春半島，只要掛上紅旗之後，就一概視為朋友。

牡丹社事件：清朝甩鍋不處理，日軍侵略也是剛好而已

這一事件後，清朝官方開始覺得山雨欲來，似乎該調整對臺灣的統治方式了。但真正能夠逼迫他們改變，恐怕這威脅必須要來得更近身一點，否則官方仍然可以假裝沒看到。說巧不巧，這個近身威脅，很快就到達了，前頭提過的牡丹社事件雖遲但到，並且發生背景甚至幾乎如出一轍。

一八七一年，一群來自琉球的漁民，因為海難而被迫在今天的滿州鄉登陸，原本原住民是上前給予幫助的，但由於雙方互信基礎不夠，在夜裡，這群擔心原住民對自己動屠刀的受難漁民便想跑離部落，但早已警覺身邊動靜的原住民，遵守著黑暗叢林的首條法則——要在敵人動手前就動手。

於是悲劇迅速地發生，讓一次友好互助的故事瞬間染上血色，變成一場屠殺與災難。漢人商人凌老生很想阻止這個悲劇發生，甚至主動站出來保護琉球人，同時擔任仲裁者與原住民交涉。無奈依然沒能避免慘劇發生，最後琉球人只餘兩名存活。

等到倖存者求救，再有人抵達案發現場收拾的時候，看到便是五十四具沒有頭顱的屍體，為「八瑤灣事件」。

這件事情讓琉球人大感震恐，這個地理位置上夾在日清兩大帝國的島國，必須一方面找人保護、一方面要人負責。畢竟身為大清帝國藩屬，人死在了你們的國家，不管怎麼樣都必須給受害者一個交代。

而清帝國身為東亞的老大、禮義廉恥以及儒家一切教條道德的守護者，不意外地給了一個答案：我們大清概不負責。

不是啊，美國是化外夷狄，不懂中華統緒也就罷了，你們琉球進貢上百年，難道也跟著不懂規矩？我大清自有國情在此，難道你們不曉得生番跟朝廷並無干係嗎？

看到這個真心換絕情的答覆後，琉球人也就決定向他們另一個老大——日本，進行求助。日本這個時候大概內心早就開心到放煙火慶祝了，對一個在改革之後，亟欲向世界證明自身實力的國家來說，再也沒有比口號上與實際上都能站在道德高地，並發動軍事侵略行為來得更爽的事情。

臺灣番地事務都督西鄉從道立刻跟英美租借輪船，急不可耐地發兵進攻南臺灣，意圖染指這片清帝國甩鍋不處理的土地。

更為嚴重的是，在這批野心勃勃的日軍背後還有一個老謀深算，而且對清帝國官府運作模式、臺灣山川地形都很清楚的清國通——李仙得。沒錯，他就是在羅妹號事件當中負責與清帝國交涉的那位美國代表。

日軍的侵略行動，終於讓大清再次感覺到事情大條，戶部尚書董恂、吏部尚書毛昶熙，皆針對這次軍事行動都給予口頭上的譴責，但日軍卻予以了現實一大巴掌，一八七四年，他們從今天的車城一帶登陸開始仰攻瑯嶠十八社，史稱「牡丹社事件」。

日本遞階梯，清廷順著往下走：琉球順勢變成日本的

但甫經變法的日本新軍卻跟幾年前的英美聯軍一樣，在恆春半島上多次施展不開拳腳，原住民憑藉對地形的熟悉，以及一種看不到的、臺灣特有的抵抗武器——「疾病」，讓負責帶隊的佐久間左馬太將軍損失極為慘重，這逼得日本不得不重回談判桌。

日本派出明治維新三傑中，極具威望的大久保利通前往北京與清政府談判，而清朝發現人家既然都遞出階梯了，就乾脆順著往下走吧，於是雙方於一八七四年簽訂了《北京專約》，合理化了這次日本的武力侵略，並且要命地在合約上註明：「**日本稱呼這次的軍事行動是保民義舉，我中國不置可否。**」等同間接的昭告天下：從此之後，琉球是屬於日本

的一部分了。

而「番地無主論」先後兩次❸被李仙得發現了這個 bug，透過這個破口，多次在談判桌上要到好處，臺灣局勢惡化到這種狀況，大清再不管也不行了，於是臺灣海防欽差大臣沈葆楨提出了一個新方略：開山撫番。

具體作法就是增加對山區的交通網路，以此來更全面更具體的來控制原住民，所以北中南三條最早的橫貫公路被打通，往山城、東邊居住的移民絡繹不絕。

清朝政府為了進山能夠拿到樟腦、木材等珍貴的山林資源，於是進一步跟漢人合作，漢人移民在發現政策彈性開放之後，更是肆無忌憚地入山搶掠，對於願意跟自己合作的部落，就命令對方繳稅、逐漸漢化他們；不願意投降的，就強行武力進犯。臺灣許多名門大族的崛起，都跟參與了這次的武力拓墾有關。讀到這裡，有沒有很像美國在大西部開發階段中發生的故事？

當然在這種情況下，你也可以發現到原住民生存空間屢受壓縮後，可能會導致的撞球效應，同為平埔族也會擠壓其他平埔族，甚至引來新的仇恨與殺戮，其中最有名的就是花蓮的三國演義——撒奇萊雅族、太魯閣族與加禮宛族的衝突。

花蓮三國演義：原民三族爆衝突

隨著漢人大量的移入花東地區，對原本生存在這片土地上的太魯閣族產生了極大的壓力。清朝最會的統治手段之一就是以夷制夷，當然他們也要聯合花蓮地方其他跟太魯閣族有衝突的部落，這樣才有辦法對付氣勢正旺、戰力剽悍的太魯閣人，這時候加禮宛人就成為清國最好的選擇。

加禮宛人也是外來族群，他們原本居住在蘭陽平原，被稱作是葛瑪蘭，後來由於實在移入太多漢人了，大約是在十九世紀初，自吳沙之後蜂擁而來的新住民，終於讓他們再也忍受不了，決定向更南方的新天地進行開墾。

於是加禮宛人攀爬過了、難行的天險——今天的蘇花公路，來到了花蓮的木瓜溪口，由於他們戰鬥力不如在地的太魯閣人、人數上也與撒奇萊雅人比起來沒有優勢，因此處境異常的辛苦，但也正因為這樣，成為了清朝可以利用的棋子。

清朝人帶著滿腦子宮廷陰謀政變的思維，加上滿滿「聯合次要敵人打擊主要敵人」的經驗，拉攏弱勢族群壓制優勢族群向來是他們的拿手好計，純樸的原住民又怎麼懂這套？

加禮宛人一開始樂於跟清朝合作，透過這些合作行動，的確可以與太魯閣族、撒奇萊雅族抗衡。這其實也是一種養蠱，遲早加禮宛人也會發現，自己始終就是棋子而已，但久而久之，被利用久的棋子也會期待自己可以變成棋手。撒奇萊雅眼見加禮宛背後有漢人撐腰，但自己的力量又不夠強大，日子想要過得好，當然忍耐很必要，於是撒奇萊雅也跟加禮宛形成策略上的盟友。

難以忘懷的傷痛——加禮宛事件

但一八七八年一場意外的發生，卻讓大家跌破眼鏡：一向順服的加禮宛人居然開始攻擊清朝官員，導致好幾個將領受傷甚至陣亡，這到底是怎麼回事呢？結果不外乎又是：有漢人欺壓原住民、用低價強迫購買原住民的糧食作物，然後原住民憤而反抗。

當然後來發現挑動彼此最後底線的，還跟性暴力犯罪有關。清兵勇營[4]，時常與當地部落的女孩調情甚至暴力對待，這讓母系社會架構的加禮宛人再也不願意忍氣吞聲，於是聯合了撒奇萊雅族對清軍發動一次恐怖攻擊。

而清朝很快地從南部調來軍隊進行反擊，為了達到震撼效果，覺得自己莫名被捲入爭端的撒奇萊雅族則成為了官方主要恫嚇的目標，撒奇萊雅的頭目原本以為只要這個時候投降，一定可以息事寧人。

想不到清國給他們族群留下的，是一道永遠難以弭平的傷口：撒奇萊雅頭目被清軍綁在一棵茄苳樹上凌遲處死；頭目夫人則被架在茄冬樹幹中間，然後讓官兵們活活踩踏而死。為了讓這血腥的一幕烙印在每個存有反意的原住民心中，清方竟還將附近撒奇萊雅族、阿美族各部落通通聚在一起，觀看這殘忍的行刑。

此後，加禮宛人依然繼續遭到征討，最終僅有少部分倖存者躲入阿美族的部落當中隱姓埋名，這才生存下來，而這就是在課本裡提及的加禮宛事件。

當然，這不會是開山撫番時代的孤例，在光明正大的口號背後，無數的血案在臺灣蓊鬱的山林裡、湛藍的大海邊上演。大港口事件、大嵙崁戰役等樁樁件件血案的背後，都是漢人以文化、經濟、武力的優勢向原住民揮出屠刀的悲劇。

這群倚賴國家政策進行山區掠奪的漢人，各個賺得盆滿缽滿，從此搖身一變成為富商巨賈的大有人在；而原住民與底層漢族的血仇則自此種下，原住民「出草」砍漢人人頭的頻率不斷上升，而漢人也將原住民的身體器官當成中藥販售。

然而從中最大獲益者，無疑就是清朝官方，他們籠絡了一群願意跟政府合作的既得利益階級、避免了外國再用番地無主論當藉口入侵。更重要的，是清朝從此可以正式開發山區資源，官府可控制面積大幅提升，可以說是贏麻了❺。

❶PUA：一種心理上的操縱現象，不斷否定、打壓一個人的表現，然後告訴他我都是為你好。
❷黑船事件：一八五三年，美國海軍准將培理率領艦隊駛入江戶灣，並於次年簽訂《神奈川條約》。
❸先後兩次的「番地無主論」：一為羅妹號事件；二則為琉球漁民船難時，日本以此為由出兵臺灣。
❹勇營：清末的軍事主力。
❺贏麻了：網路用語，指贏到麻木，通常做為反諷使用。

歷史情境對話站

1. 清朝統治臺灣能算積極嗎？你是否同意隨著統治者的心態不同，一個國家的政策走向也會隨之產生劇烈變化？

2. 在此時有好幾個國家都展現了對臺灣的野心，參照港英時期與澳葡時期的各種統治方針，臺灣歸屬於何者，會對後來影響最為正面？

3. 烏克蘭戰爭中投降者遭到俄羅斯屠殺，加禮宛事件中希望息事寧人的頭目也被殘酷處決，這兩起事件，能否帶給現在臺灣一些啟發意義？

延伸關鍵字　想知道更多，請搜尋——

琅嶠十八社　# 番地無主論　#《北京專約》　# 大港口事件　# 大嵙崁戰役

05

魔王佐久間左馬太和莫那魯道的生存角力

歷史小檔案

登場人物

佐久間左馬太、莫那魯道、高一生、樂信．瓦旦

發生年代

1895 年～今天

國際上正發生

- **第二次世界大戰**：二戰的爆發，讓世界發展的中心隔海移動到了北美洲，然而在東亞也出現了翻天覆地的新變局。
- **中日關係**：數千年來文化的傳遞、秩序的控制者——東亞陸權強國地位動搖，西方的影響力以及崛起後的日本挑戰了這個格局，經歷清帝國與日本帝國長達十餘年的爭鋒後，新的時代在衝突中拉開序幕。

比起過往侵略的漢文明，當太陽旗在這片土地飄動後，原住民文化更系統化地被打壓。透過秩序的建構、社會流動的管道開啟、資源的進一步掠奪，日本將番地治理也作為殖民時代的一項重要任務，有規劃地持續進行。二戰結束之後，中華民國政體會對部落展開什麼樣的統治方式，在現代化的浪潮不斷衝擊原鄉，原住民還能有什麼有效的對抗方式嗎？

凡事人算不如天算，外國勢力沒有在海角天邊的臺灣找到更多滲透的空間，清帝國自己卻不爭氣地在黃海海面上，把國家「改革開放」三十幾年的紅利一口氣全部輸得一乾二淨，甲午戰爭❶的勝利，讓日本總理大臣伊藤博文有了直接向清國索要臺灣的底氣。

在垂頭喪氣的大清官員離開後，臺灣步向了日本統治時代，然而這個相較於大清看似更為文明開化的統治者，對原住民迫害一點也沒有減弱，反而是以更具節奏感、毀滅性地大規模進行。

佐久間左馬太的絕對統治領域

我們在上一篇提到，牡丹社事件時，有一位將領叫佐久間左馬太衝到了石門社最前線，奮勇地跟原住民交火，由於這是明治維新以後對外第一次動兵，使得他打得格外英勇，因此被稱為鬼，大有現在我們說某人強得跟鬼一樣。

佐久間左馬太任臺灣總督 8 年，期間對原住民部落多次圍剿。

但也因為對地形不熟悉、當地可怕的瘧疾等因素，使佐久間並沒有打出什麼光榮的戰績。這件事在他心中留下了遺憾。三十二年後，他居然有機會再次踏上臺灣這片土地，而且搖身一變成為這裡的主人。

一九〇六年，他接替了前任兒玉源太郎成為新任總督，由此開啟了他對原住民部落的清剿。

客觀地說，他在臺灣留下的政績是非常好看的，高雄、基隆這兩個後來地位極為重要的東亞海運交通樞紐，都是在他的任內完成建港的工作，在臺灣的任期也長達八年，算是在日治時代歷任總督當中執掌權力最久，但他對原住民部落的攻擊行動，也很難讓評價可以功過相抵。

他對於複雜的原住民問題提出了用五年時間，以武力解決、快刀斬亂麻的策略，特別是面對到荷蘭、鄭家、清帝國都無法解決的北部泰雅族與太魯閣族。

這兩個族群的戰鬥力絕對在各族當中具有獨霸的地位，加上地形上的隱蔽性，使他們的「被開發」的時間遠遠晚於其他族群。

舉例而言，現在北部旅客嚮往的上帝部落「司馬庫斯」，為什麼成為全臺灣最後一個通電的地方，也與這種隱蔽性、與世隔絕的文化有關。

而佐久間提出的策略就是針對這群原住民進行打擊，他以軍、警結合沿著臺三線一帶清朝已經征服的部落、隘口，開始向雪山山脈上進攻，每一年往前推一點，占領至高地開始向其他不服從的部落進行砲轟，在打下桃園三光、新竹宇老、鎮西堡等地之後，他親自帶兵再從太魯閣峽谷出發，征伐臺灣山區的最後一片淨土，今天的中橫東段。

有一種說法認為，總督佐久間在征伐途中，因為墜谷導致昏迷不醒，最終為了不動搖軍心，假做他只是受傷回東京醫治，然後才發布死訊，這個說法甚至在許多後來的口述歷史當中都有被記載，彷彿這是一種天道輪迴的命定。然而，佐久間在這次征伐過程不但順利，後來也凱旋回到臺北，直至一年後才在東京病逝，並且在今天中橫公路重要的觀光景點天祥留有紀念他的神社。

如果大家可以感受到平地政權幾乎不分種族、時代的向山區入侵，進而引發原住民保衛自身的反抗，就能更深刻理解當時中華民國政府為了自己的政治需要將霧社事件定為成「抗日事件」有多麼荒謬。

因為自始至終，這與國家定位無關，他們反抗只是想保留自身的文化。

馬赫坡的英雄輓歌：霧社事件

隨著五年理番策略成功，原住民部落大抵都已經征服，他們開始也會學習穿和服、上小學、唱著日本國歌〈君之代〉，並且坐等來自各地的觀光客來欣賞他們唱歌跳舞；而霧社事件正是在這種一片四海昇平的氣氛裡爆開的山地一聲雷。

當時臺中山區的原住民部落間，也在日本人入侵後變得更加分裂、猜疑，本來就存在的矛盾被進一步激化，莫那魯道所帶領的賽德克族，也多次跟梨山地區的部落出現仇殺等衝突，日本巧妙運用這些矛盾，坐視兩大力量互相消耗，而自己取漁翁之利。

不能再無視日本人對我們的壓迫了，
讓我們以敵人的鮮血祭祀祖靈！

1930 年霧社事件爆發，是一次原住民對壓迫者最劇烈的反抗。

一九三〇年，在霧社小學的一次校慶，原本以為可以躺贏的日本人終於再也笑不出來了，不是特別順從的原住民大舉揮著屠刀、出草砍頭以祀他們的祖靈，之後日軍發動大舉鎮壓時，賽德克女性集體在樹林裡上吊，男兒則奮戰到退無可退的馬赫坡山洞，飲彈自盡，攜手返回了靈魂所歸的彩虹橋。

賽德克族從一開始就知道不會成功，然而仍舊死守著人止關、直到馬赫坡彈盡糧絕，與其說這是起義、或者是造反，不如說這就是殉道。殉的是整個南島語族在這片島嶼上發展數千年，卻最終被外來者徹底消滅的命運，用生命為這段歷史唱出悲壯的輓歌。

青天白日旗下也有人血饅頭

現在，讓我們把鏡頭拉回日本剛開始推行理番策略的時候。隨著山區大開發的指導方針確立，無數漢人進到山區開採樟腦，伴隨著這種商業武裝式殖民而來的，往往又是數不盡的性暴力犯罪與侵占。

然而今天三峽、復興一帶的泰雅族並沒有忍氣吞聲，這些居住在大豹溪周邊的原住民們，形成了一個類似王國的軍事同盟，與客家人、日本人的軍隊展開了不同的作戰方式。

在他們最後一滴血流盡的時候，頭目瓦旦·燮促將自己的孩子藏了起來，希望他能夠留待來日，為自己曾經想要保護自身文化的努力延續下去。

這場戰爭發生在臺灣首善之區——臺北的不遠處，但幾乎就是一片記憶上的空白，失去話語權的亡靈只能透過托夢、靈異傳說等讓在地人記在心裡，在一座萬善祠裡，無言地等待被聽見的機會。

瓦旦的兒子——樂信・瓦旦沒有對不起父親的期待，長大後的他就讀於帝國大學的醫學部（今臺大醫學系）並且在學成後陸續在桃園角板山、新竹尖石擔任公醫，而終其一生也都在做醫學知識的推廣，還有原住民權利的爭取。

待臺灣接受中華民國統治後，他又成為了省議會的議員，並且超前的提出讓原住民自治的願望，他希望原住民能要回被平地政權占領的土地。

一九五四年，臺灣省保安司令部認為這種行為等同是共產主義，於是將其收押，最後槍決。同年，還有一位曾為日治時代著名的音樂家，也是首任的吳鳳鄉（阿里山鄉）鄉長高一生，因為捲入二二八事件當中，最終同樣在景美的一聲槍響中永久地倒下。

二〇一六年，蔡英文總統在演說中提及，自己必須代表政府向原住民過去四百年來所承受的苦痛與不公平對待道歉，或許時至今日，仍然有很多人不解，為什麼自己欠這群被稱作「山地同胞」、「原住民」並享有加分待遇的人一個道歉。

但翻開歷史，你會發現四百年來的臺灣開發史，裡頭有無數人名、事件與細節，在「道德教化」「文明開發」等字裡行間，滿滿地其實都只塞著兩個字：吃人。這也是為什麼，原住民會需要一場真正的「轉型正義」。

❶甲午戰爭：始於一八九四年豐島海戰，一八九五年以簽署《馬關條約》而告結。

歷史情境對話站

1. 原住民族群當中，武力最為剽悍、抵抗現代化最久的部落，能傳承下來的文化也越完整嗎？

2. 旅遊勝地司馬庫斯以其獨特的經濟生產模式保有原鄉的特色，但同時也因為外來旅客逐漸增加而出現改變。原鄉是該與時俱進，還是繼續保有原來的風貌呢？

3. 民主化之後，原住民鄉鎮的投票傾向明顯靠往非福佬陣營，除了這段歷史淵源外，還可能是因什麼問題而造成？

延伸關鍵字 想知道更多，請搜尋——

#瓦旦．爕促 #原住民加分制度 #樂信．瓦旦

清法戰爭的戰場延伸
到了淡水、基隆一帶。
唐山過臺灣，
六死三留一回頭。
宗教信仰在當時足以左右
一個的社會地位，乃至人生。
乙未戰爭失利之後
棄城逃跑的劉永福。
朱一貴戴通天冠、身穿
黃龍袍，卻只做了 3 天皇帝。

Chapter 2

四百年前，已早有一臺各表

臺灣族群組成多元，而優勢居民幾乎都是外來族群？為何這裡的族群很難團結、一天到晚造反？此外，為什麼臺灣會被叫做鬼島呢？跟我們的宗教信仰有關嗎？

【06】

鄭成功與海商們的流亡終點

歷史小檔案

登場人物

鄭成功、洪承疇、鄭經

發生年代

1644 ～ 1683 年

國際上正發生

- **中國**：大明帝國在薩爾滸之戰❶後失去了在東北的優勢，滿州女真人建立的國度開始有了爭雄天下的資本。為了對付外患，明朝加緊對內的稅收，節省國家開支，結果導致一位基層公務員失業，並號召因不堪負荷而難以生存的人們開始對北京朝廷的物理攻擊，這個人後來包圍了帝國首都，並逼迫皇帝上吊自盡，他的名字叫李自成。
- **日本**：在此時日本進入戰國時代，德川家康透過大阪冬夏兩陣❷，取代豐臣家的統治，開啟長達 200 年的江戶幕府時代。

以一家之力、集合海上力量，多次在太平洋海域上擊退各方挑戰勢力的鄭家，坐擁當時全球各國都為之側目的力量，但又是因為什麼原因會垮塌得如此迅速？一個崛起速度極快、卻也同樣崩潰只在一瞬的企業，值得我們後世從中得到什麼教訓？

如果大家認可了臺灣的獨特性與原住民的歷史，本質就是壓迫與開發並行的兩條主線，那我們就更能清楚為什麼這裡的每個優勢居民幾乎都是外來族群。

因此可以得知，其實現代社會的問題、對自己當前居住地的認同度高低，都影響到社會的發展。但有一些更深層的問題卻很難得解：為什麼臺灣的族群很難團結？這在清代尤其明顯，面對帝國的壓迫與腐敗，人民在起身抵抗之後，最大的阻力往往就來自內部彼此利益的分配不均。而在移民色彩濃厚的文化裡，臺灣這片土地對鬼會特別敬畏，使得我們擁有全球最長的鬼節與密集度最高的鬼故事，社會動盪導致的非自然死亡，也使得臺灣不分都會鄉鎮都能看見陰廟的存在。

上個篇章中多次提及了海商這個概念，其實我們必須要知道這種亦盜亦商的存在並沒有隨著大航海時代而結束，十七世紀的鄭氏家族更是把海商的影響力推向頂點。

光看鄭芝龍的頭銜就足以說明一切，在大明傾頹、崇禎上吊後，擁立唐王的他成為了帝國的太師平國公。相較於太師純屬一個榮譽的名稱，公爵可是一個非常值錢的爵位，從海洋漂泊的少年到朝廷最為倚重的護國柱石，這種人生變化實在太過刺激。

鄭芝龍是怎麼走到這裡的？不過就是一個頗受重用的帥哥而已嗎？一切要從一六二五年的夏天說起，當時正忙於臺灣、長崎與荷蘭、明廷、日本進行交涉的中國隊長李旦積勞成疾，臨死前未能將產業進行安排，於是廈門的產業便由手下許心素占領，而臺灣則讓鄭芝龍坐大，成為了他創業的最重要基礎。此後的他憑藉海外一隅，時常襲擾東南地區，當官兵要進行追捕時他就率軍遁入黑水溝中，這實在讓當時已經被流寇、女真夾擊到左右為難的朝廷一點辦法也沒有。

官方許可的流氓，還掛牌上市——鄭芝龍

打不贏，那就加入他吧！當時明朝的人精官員們開始有了這樣的想法，但絕對不可能

是把紫禁城搬到海上一起成為海賊王。他們想到的是，拿出真金白銀對鄭芝龍進行招安，說白了就是你就成為我們帝國的合法海上武裝。明面上歸附朝廷，其他你該打劫就繼續打劫、做走私貿易就繼續走私，不跟朝廷軍隊作戰、不搶掠官府就好。

這收穫對鄭芝龍來說，是個難以拒絕的協定，一旦眼下這些生意都有朝廷在背後挺著，那我不就搖身一變成為官方許可的流氓，還掛牌上市了嗎？這怎麼可能不接受。鄭芝龍從這一刻開始，又抓到了一個財富密碼——反覆透過招安、反叛，來換取自己在海上的更大權力。朝廷也只能是聽話許可，終於把鄭芝龍養成了不可一世的海上霸主。

在這時候，擁有李旦在廈門遺產的許心素不是吃素的，他也開始計劃如何將鄭芝龍占有的股份通通吃下來。他制定了一套聯合荷蘭打擊鄭家的基本方針，開始打擊鄭芝龍。

但是鄭芝龍之所以敢在皇權時代這麼明目張膽地自稱龍，絕對不是沒有原因的，他的存在可以說是東方世界的最後一次輝煌，在金門料羅灣海戰中一戰封神！他擊垮了當時有海上馬車夫之稱的荷蘭，並且追擊他在海上其他的競爭同業：劉香、李國助（李旦的兒子）、許心素從此之後在史冊裡消聲匿跡。荷蘭此戰之後，知道跟鄭芝龍已經無法對抗，所以合作也多過競爭，並且從此對鄭家相當警惕。

當然也不用過度誇張，把他形容成海上不敗的神話，他之所以能夠打贏料羅灣海戰，是因為犧牲了大量船隻，將大船當作燃料衝向荷蘭艦隊，導致荷蘭措手不及。所以這可以當作是已經衰敗的明帝國，擊敗正在上升期的歐洲第一海軍強國荷蘭，但也可以視作一次戰場上的「九一一」，十七世紀的神風特攻隊式勝利，也可以說就是明帝國行將就木之前最後一次的迴光返照。

明朝宗室擋不住芝龍與博洛眉來眼去

理解了鄭芝龍戰績，就能更清楚當時他帶給當時各方勢力的震撼，一六四四年北京城陷落，皇帝自盡。帝國的最後精銳關寧鐵騎改旗易幟，山河徹底傾頹了。滿清入關後，以迅雷不及掩耳之速橫掃了整個江北，並且在揚州大破史可法、逼降了南京小朝廷。

僅剩南疆殘土的唐王，最後代表了宗室硬了一次，他以福建為核心，建構了一套行政體系，並且給鄭芝龍這個擁有龐大海上力量的強者一連串的光榮頭銜。但一生從商的他，卻在這個手上榮譽多到爆炸的巔峰，開始動了將這些「統戰價值」通通變現的想法。大明雖然現在給他高官厚祿，畢竟也只剩下江南，能不能擋住北方來勢洶洶的滿洲八旗，沒有人說得準。

對於商人來講，風險評估實在太過重要，因此在接獲了唐王命令，要前往入閩第一重鎮仙霞關時，鄭芝龍採取模稜兩可的態度，沒有立刻進駐，反而是跟清帝國的統帥博洛眉來眼去。

課本沒出現，卻能決定帝國生死——洪承疇

這時候又一個撬動歷史天花板的重要變因出現了，這個人就是鄭芝龍的同鄉，來自福建泉州南安的洪承疇。雖然他在課本裡完全沒有出現，但他的重要性恐怕遠遠高於施琅、吳三桂、史可法、袁崇煥加起來的總和。

他曾經是大明王朝的最後棟梁，在華北多次展開對流賊李自成、高迎祥等人的圍剿，由於多次戰術的正確，差點就撲滅了這股滅明的野火。

但是大明國策上卻實施兩面作戰，並沒有一鼓作氣解決流民問題，就立刻調轉矛頭對付滿清。而洪承疇也就這樣被調往關外，並且與皇太極展開決定生死存亡的松錦會戰。後

來在補給線被切斷的絕境當中，洪承疇被困在松山城長達數月，多次寫信跟朝廷告急，結果朝廷中幾位掌握實權的大人物（如兵部尚書陳新甲、監軍的張若麒）也擔心洪承疇立下不世之功，一方面將給予的補給縮減、一方面把求救信件壓下不報，於是洪承疇最後選擇投降滿清。

這裡也有很多野史，說為了要說降洪督師，滿清不惜下血本請出了孝莊文皇后，以美色勾引喝了人參湯渾身燥熱的洪承疇，這才讓帝國最後擎天柱徹底被「睡服」。當然更重要的功勞在後面，在多爾袞打下北京城以為天下太平之後，立刻下達了剃頭的命令，這引起北方漢人的強烈反彈。於是洪承疇想方設法將這個政策踩了油門，直到平定江南之後，把南京改叫江寧，象徵長江一代也已經安寧，剃頭令再下。

遭滅三族：鄭芝龍獲贈北京全家單程旅遊套票

可這次還是讓大清統治者傷透了腦筋，因為漢人再次起身抵抗，這時候主持江南大局的仍然是洪承疇，甚至連吳三桂都得聽命於他。由此可見洪承疇的政治影響力何其巨大，跟鄭芝龍交涉又怎麼能少了這麼一號大人物？於是鄭洪二人展開了談判，洪承疇提出：如果鄭芝龍投降的話，就把三個省、加上王爺的爵位雙手奉上。

後來鬼迷心竅的鄭芝龍衡量了一下：是要在一個快滅亡的朝廷中做公爵，還是要到烈火烹油的新王朝做王爺？這很困難嗎，當然是投降新主嘍！反正換任何一個朝廷我都一樣做生意、甚至新統治者還會給我更多。於是他率軍與博洛會合，舉旗投降後跟八旗軍痛飲整整三日，跟這批滿州入侵者稱兄道弟。

然後，他就獲贈北京全家旅遊套票，單程的，從此沒有回來過。許諾他的什麼王爵、三省都督全部都是歷史文件，一天就作廢了。鄭芝龍正式感受到什麼叫做龍困淺灘遭蝦戲的悲哀，同時他的人生在這一年可以說就畫下句點了，此後他在北京過著被俘虜監視的生活，直到一六六一年全家被處以斬首，遭滅三族。

看到這段故事，著有《臺灣之歷史》一書、在西方頗負盛名的德國歷史學者魏斯（Albrecht Wirth）曾經感慨地說：「**怎麼一個抓麻雀的圈套會對老鷹也有效？**」慶幸的是，他的兒子鄭成功沒有成為被麻雀圈套抓走的老鷹，他的故事將繼續昂揚在遼闊的洋面上，即使是這麼地充滿痛苦與挑戰。

成功是一條失敗鋪成的修羅道

鄭成功年少就展現非凡的才華，傳說在南京城有相面之術的算命仙，早早看出他的命格不凡，唐王更是對這個少年愛不釋手，過分地說出：「看到你就遺憾朕沒有女兒，否則一定嫁給你。」想想也是，父親當年是帥到可以靠臉上位的大明潘安，母親田川氏也一定別有姿色。海盜的狂野、最好的教育，加上天生混血兒的基因組合，的確是一個魅力四射、令人萬分嫉妒的花季少年。

但是婧人沒婧命，他從二十二歲開始，就是見證著身邊他所相信的、捍衛的一切崩解的起點。父親投降那一天，他焚燒了自己的儒服，宣示從此與父親決裂，打死都不可能跟爸爸前去投降偽朝。

後來他父親果然被當成人質俘虜到北京以後，滿清為了逼降鄭成功，更是重兵包圍安平。而剛從日本來到明帝國國土的成功母親田川氏因為不堪受辱，選擇了自殺。女性在亂軍當中可能會受到什麼傷害，令人不忍多想。從明末三大家之一的黃宗羲筆記當中則可以看到更血腥的紀錄，由於鄭媽媽受到了性暴力對待，鄭成功為了讓她可以清白入殮，最終將母親的內臟都洗滌過一遍。

這是他在這一年的三大打擊中最慘烈的一起，從老師錢謙益投降、父親鄭芝龍利令智昏，再到最無辜的母親深受其害。可以由此來理解為什麼之後鄭成功對滿清的復仇欲望之盛，還有他的性格為何如此極端的剛烈。

鄭成功到底有沒有機會反清復明？

鄭成功到底有沒有機會反清復明成功呢？其實以他少量的兵力、加上早已分裂的家族勢力，跟不是特別團結的南明多股軍閥，這樣想打翻身仗是非常困難的。

但擺在他眼前也曾經有一六五三年的海澄大捷、與李定國相約共擊廣東、還有錢謙益規劃的攔江作戰。若是其中任何一次有繼續擴大戰果，搞不好跟清朝劃江而治並非完全沒機會。特別是後來皇父攝政王多爾袞過世、李定國打出奇蹟式的勝利時，當然也包括那場包圍南京城的高光時刻，後稱鄭成功北伐金陵❸。

當然這也跟他內心對敵我分得很清楚有關，當清朝多次進行招降、他的弟弟們雙膝下跪懇求他放棄時，他說出了一句至理名言：「**我一日未受詔，父一日在朝榮耀，我若苟且**

受詔削髮，則父子俱難料也。」

也大約是這個信念，讓他後來能夠扛住北伐的一切打擊。成功的人生的確是讓人讀了感覺特別心酸，曾經有一回他的大軍準備北伐，結果才剛出港沒多久就遭遇百年難遇的大風災，手下精銳未經交戰就折損八千，自己的妻妾跟三個小孩也通通溺死。

他的叔父們也是不可靠的，除了投降清朝的搖擺派、也有藉由復明作口號，實則各種剝削百姓的豬隊友，更不用說他的兒子鄭經在金門跟自己弟弟的奶媽發生的那起不正經亂倫事件。這些加總起來對鄭成功來講，不知道是多麼巨大的精神淩遲。

在遠得要命海島上建立王國

他的人生再一次出現反轉，則是歷經南京包圍戰失敗後，必須為剩下的數萬甲士尋找一塊養兵之所，這才讓他把目光放到了曾經與父親征戰過多回的荷蘭人身上，而臺灣也在這時，進入了鄭成功的視野。

臺灣史上第一次的脫歐入亞，就在鄭成功的一念之間。歷經了對雙方而言都像極阿修羅煉獄般痛苦折磨的烏特勒支碉堡圍城戰[4]後，鄭成功終於入主熱蘭遮城，這是他人生的終點，也同時是這批海商的最後歸宿。

我們從地名可以感受到，當時進入臺灣之後的鄭家軍隊對於糧食有多麼巨大的渴望，左鎮、前鎮、柳營、林鳳營、新營，這些地名的背後都是他們為求生存而行屯墾的見證，漂泊在海上半生、為了對抗滿清鐵蹄的浪子們，終於有了棲身之地。

同時這個新政權也把許多的漢人文化帶進了島嶼，像是讓荷蘭撤離之後，鄭成功最早給予臺灣的名稱是：東都。作為明帝國的延伸，在這裡也可以看到很多儒家文化的痕跡，如孔廟的建構、制度的確立，但有意思的是他們雖然仍舊奉行明朝廷賜予的「征討大將軍」印信，可實際上卻是遙奉而不遵從，保持獨立的姿態。

他們在福建地區也還是長期保有聯絡管道，包括十幾個軍事堡壘、以及無數看不到的走私管道，主要分成山路五商（金木水火土）[5]，與海路五商（仁義禮智信）[6]，並且透過祕密組織保持對沿海地區的影響。

我們留待最後一個篇章可以看到更多鄭家是怎麼在臺灣繼續把自己的海上生意經營下去，同時也來分析天地會與陳近南跟鄭成功有著什麼關聯。

歷史情境對話站

1. 世界棒球經典賽期間，有球迷一如往常地在臺灣與荷蘭比賽前，在臉書上張貼鄭成功的圖片以求抗荷成功。但隨即引來批評，認為鄭成功殺害許多原住民，而球員多為原住民，所以不該放置。你的看法如何？
2. 鄭成功進入臺灣帶來的影響是，漢人從此建構一套新的邏輯秩序、並依此統治。這個歷史轉捩點，彷彿是第一次臺灣被「中國化」，你認為正面多還是負面多？

延伸關鍵字

想知道更多，請搜尋——

#錢謙益　#《臺灣之歷史》　#反清復明　#孝莊文皇后

❶薩爾滸之戰：一六一九年，明與後金爭奪遼東的關鍵一戰。

❷大阪冬夏兩陣：一六一四～一六一五年，德川家康在豐臣秀吉去世之後，為了取得日本真正的統治權，進而率領旗下諸侯圍攻豐臣家的根據地大阪。

❸鄭成功北伐金陵：一六五九年，鄭成功帶兵控制長江流域，並對南京城發動攻擊，這裡作為明朝故都，有著非常巨大的政治意義。

❹烏特勒支碉堡之戰：隸屬鄭成功攻臺之役的其中一場戰爭。

❺山路五商：以杭州為中心活動，金木水火土是五大批發商的名稱。

❻海路五商：海五商以廈門為基地，仁義禮智信是五支船隊的名稱。

【07】

為何九死一生也要離開祖地？

歷史小檔案

登場人物

施琅、朱一貴、林爽文、臺南三蔣

發生年代

1684 ～ 1862 年

國際上正發生

- **俄羅斯**：歐洲新崛起了一個強大帝國，在它學習荷蘭造艦、法國文化與新式軍隊的建構後，跟自己的鄰國瑞典展開爭霸之戰，後來在耗費巨大的損失中艱難獲得勝利。此後開始了西進之路，威脅立陶宛、波蘭甚至普魯士，這個國家是沙皇俄國。
- **中國**：隨著激烈的奪嫡之戰落幕，滿清帝國的新任皇帝雍正，對西方的宗教與文明充滿排斥，這使得國門逐漸緊掩，待到再次與世界接軌時，他的子孫必須為此舉付出巨大代價。

現代網友時常戲稱高房價、低薪資、人口稠密、工時過長的臺灣為鬼島，但同時也聽過臺灣錢淹腳目的說法，而且從當前的各項經濟指標來看，臺灣也的確是在世界上名列前茅的國家。我們的祖先究竟是基於什麼條件，搬遷到當時生活條件更為嚴苛、不易居住的臺灣來？真的只是社會上生存不下去、以生命作為賭資的冒險者，還是有其他的原因？

一六八四年，在鄭家王朝內部一系列讓人看不懂的操作後，臺灣首次被一個定都在北京的政權統治，隨著施琅的船隻停泊在曾經輝煌的王城，走入鄭克塽受降的臺南天后宮，此後開啟長達兩個多世紀的滿清治臺。

跨越臺海就是跟死神挑戰，為何仍前仆後繼？

但黑水溝之艱困，路人皆知，我們從〈渡臺悲歌〉裡反覆強調「**勸君切莫過臺灣，臺**

灣恰似鬼門關」的字句、還有「**唐山過臺灣，心肝結歸丸**」等俗諺，也都可以知道，選擇跨越臺海就是在跟死神下挑戰書。這種不拿生命當回事的瘋狂賭徒們，面對到可能會被種芋❶、被餌魚❷、被遣返的命運，他們仍然前仆後繼地要來，這顯然必須有超強的動力跟推拉力才行。每次讀到這一段就要有一個合理的解釋：為什麼海角天涯的臺灣，會被納入清帝國內部人口移動時的選項？大致上可以歸納出幾個可能性。

◆海禁政策後，導致沿海地區凋敝

其實清朝為了對付明鄭，可以說是用了傷敵一千自損八百的策略：海禁。一六五五年（順治十二年），浙閩總督屯泰提出對天津、山東、浙江、福建、廣東沿海數千公里的海面施行封鎖的政策，這個目標當然是著眼於對付海上鄭家的力量。

試想，要求擁有千年以上出海捕魚、經商的居民全面放棄原有生活方式，甚至摧毀已經存在的城鎮，這會造成多麼巨大的傷害。但龐大的獨裁國家就是可以犧牲百姓，來完成他們心目當中宏大的目標。

然而到了一六五九年（順治十六年），當鄭成功在海澄大捷之後，朝廷發現僅僅只是封鎖海岸線是不夠的，於是更加喪心病狂的頒布遷界令。這個執行的概念是建構在前項政策之上，不只是片甲不得入海，還必須往內遷移三十里，直到達成對鄭成功部隊的堅壁清野為止，讓他們的部隊在沿海地區完全無法獲得人員、糧食的任何補充。

這個傷害是明顯的，無論是對清帝國自己還是鄭成功。這也讓東寧王國❸即使投降，康熙盛世之下沿海地區也是一片凋敝景象，這也就更能說明為什麼課本上總是說此時的廣東福建地區不易求生。

◆新天地有著無限高的期望值

這應該也是當時讓閩南移民前往臺灣的重要動力，在施琅打下臺灣時，整個島嶼也才只有十二萬人口，而且為了徹底消滅鄭家的殘餘，清帝國將大量的臺灣漢人遷回本土。到了臺灣府首任知府蔣毓英編寫《臺灣府志》的時候顯示，這裡大約人口就剩不到四萬了，試想大片未經開發的土地、統治階層的真空，這對於沿海地區的民眾來講有著多麼巨大的誘惑力。

加諸這群敢在海上討生活的人，本來就是風險上的愛好者，如果在新天地裡開發成功，無數的糧食與金錢布帛就可以源源不斷的進入口袋，這怎麼聽都非常迷人。當然也不乏第一批成功移墾的居民回到故鄉後呷好道相報，招募更多親戚好友一同前往開發的案例，這個從臺灣當前幾個無比輝煌的大家族史裡都可以看到。

◆這裡考試比較容易上

臺灣在納入福建省以後被立為一個府，不知道大家有沒有想到這也會變相釋出很多錄取舉人的名額。當時臺廈道高拱乾就提出，應該讓臺灣人也有機會考取功名，甚至入朝為官，因此調整了考制，讓這片新納入帝國版圖的土地有了跟中央更強的連結。但這種貌似公平的提案就是很容易被貪小便宜的人鑽漏洞，許多當時福建落第書生就冒充自己有臺灣籍，進而在科舉仕途上偷城掠地。

不要小看這個影響，因為臺灣籍的上榜率實在高太多了，導致有一些廣東省的書生也想要這麼做，冒充自己是臺灣籍，這導致在臺灣島內福建移民與廣東移民的衝突，畢竟臺灣隸屬福建，所以跟地方連結不高的廣東移民被稱作客家，土客衝突也就此拉開序幕。

◆天高皇帝遠的臺灣管理比較鬆散

這大概可以視作是今天臺灣人這麼喜歡鑽漏洞的遠因，由於康熙皇帝擔心來到臺灣以後的官員也會培養自己私人勢力，弄到最後尾大不掉變成第二個東寧王國。所以他強制規定來臺的官員跟士兵，每三年就要調回內陸，不能在臺灣待太久，所以臺灣內部的治安跟政府力量就顯得特別弱。

什麼樣的產業會需要政府管制鬆一點呢？大約就是商業、祕密組織跟宗教界對這個需求會最大了吧。至少從文獻資料來看，臺灣幾乎成為了天地會的大本營，林爽文後來能掀起反政府的滔天巨浪，很大的程度也是得利於此。

在各種推力拉力的交相配合下，滿清統治時代是臺灣人口爆炸性增長的；這個爆炸速度是蔣毓英在十七世紀尾聲時所說的不到四萬人，直到《馬關條約》割臺時近三百萬人。也就是說在兩個多世紀的時間裡，這裡的人口成長了整整七十五倍。想想隨之而來的人口紅利與節節攀升的GDP❹會有多麼可觀。但一件事情不會只純粹帶來好的影響，很快就看到副作用開始發酵。

鴨母王到林爽文——漳州人為什麼愛造反？

來到臺灣的第一代人，有人透過自己的人脈管道，在官方的幫助之下拿到墾照，開始對新天地進行拓墾；但這些能透過關係就獲得利益的人，往往不會親自下田耕作，試想臺灣南部毒辣的陽光、加上不時會來搶人頭的原住民環伺，這麼惡劣的工作環境怎麼可能自己下場。

於是他們就從原鄉繼續招徠移民幫忙，自己就可以樂得坐在臺南府城享受其他佃農的貢獻了。很顯然從原鄉搬到臺灣的人們，也會繼續從事自己的老本行。舉例來說，泉州人善於經商，他們就會繼續待在沿海地區，今天的臺南、鹿港、臺北都是以泉州居民為主的聚落；相較之下，從廣東搬遷過來的居民更加懂得如何在近山地區開墾，其生存空間也就比較靠近今天的臺三線一帶。

世代以務農為業的漳州移民，則多為幫忙拓墾的佃農，但他們也是比較受到壓迫的一群，畢竟夾在泉州、原住民、客家人之間，他們彷彿凡事都會一點，卻都不是這裡真正有比較利益的族裔。這也就導致了他們成為了兩百多年的帝國時代裡，一群最為掙扎也最辛苦的存在。

歷史不會重複，但往往會幽默的押韻；三百多年前有一個姓朱的放牛娃，隨著元帝國兩都之戰的爆發呱呱墜地，後來他裹上了紅巾、撕破了蒙古鐵蹄下看似華美卻爬滿蝨子的盛世幻夢，最後造反成功建國大明；三百多年後當康熙正在歡慶與俄羅斯簽訂《尼布楚條約》❺時，也有一個養鴨人降落人間，他的人生軌跡，則演繹了一段大明帝國滅亡之後最為轟轟烈烈的復國故事。

王朝到了君主統治的晚期，難免會因獨裁者的怠惰、健康狀況不佳，進而出現諸多問題，像是權臣作亂或者朝政鬆弛，使得中央與地方的腐敗高度產生連動；電視劇《雍正王朝》就很好的表現這一點。

在金玉其外、敗絮其中的康熙晚年，財政虧空、官場風氣混亂、皇子各有野心的狀況下，天子腳下爛一點，整個帝國就爛一片。臺灣在清帝國統治的邊陲，自然也受到了來自北京的腐敗波及，加上臺灣獨有的輪調班兵制❻跟官場邊緣人才被送到這裡等各種因素，可說是先天不良、後天失調。

這一年在福建巡撫呂猶龍在臺灣搞出了二十萬兩白銀的虧空，自己卻高居二品、享受各種優渥待遇，一邊騰出手來撈錢、一邊拿出臺灣的芒果進貢到北京取悅康熙，讓朝廷對於錢財上的損失睜一隻眼閉一隻眼，反正欠的錢慢慢從臺灣那幫人身上刮過來就好了，問題總是能解決的，再難都只要「苦一苦百姓」，有什麼事不能解決的？

糟了，百姓成窮鬼了

人待在臺海左邊的呂大人是輕鬆了，但負責幫他在臺灣善後的王珍縣長可就慘嘍，遙想十八世紀初，來到臺灣的這幫漢人移民多半都還是窮苦的羅漢腳，要從這些人身上擠出稅收「孝敬」中央，跟從公牛身上想擠出鮮奶一樣簡單。對於王珍來說，這百姓都成窮鬼了，沒油水可榨了，但王珍的兒子卻另有奇招，只要巧立名目、變相恐嚇、多方嘗試、欺壓拐騙，還是有辦法從窮鬼身上逼著他們跪著還得吐錢。

具體而言，當時在臺南這一帶發生連日大雨，引發了嚴重的海水倒灌（甚至可能是海嘯），飽經災難的百姓在大劫過後舉辦了平息神明憤怒的舞臺戲，希望透過祭祀跟典禮化解天人之間的不愉快。

王公子看到了這個活動後，忽然意識到這群受災民眾居然還能請戲班演戲，這證明他們還有錢，活脫脫像是某些股市名嘴在股災到來時看到股民哀號還拚命薅羊毛的樣子。他誣陷這群人是在劇中準備結拜，嚴重破壞秩序，情況實在嚴重必須全部逮捕，這可是愧對君父的行為啊，想要脫罪得加錢。

如果連災難都可以變成王公子的搖錢樹，那就不難想像在其他小事情上他可以多麼自由奔放地亂做文章了。例如鳳山一帶的老百姓不能隨意入山墾地，哪怕只是摘採竹筍、砍伐樹木都得逮捕下獄；原本乖乖聽話的順民被徵收各種苛捐雜稅，連原本屬於自家的財產也可能莫名被收歸官有，想要拿回去必須另外以錢來贖。

久而久之，鬧到百姓感覺不聽話會被砍死、聽話也會被餓死，既然韭菜是被收割得如此之快，黑暗的世界就需要一道 Spotlight，英雄是你拯救世界的時刻到了！

破產版孟嘗君拿到半套朱元璋劇本

一七二一年，一位在今天內門一帶小有名氣的養鴨人朱一貴眼看時局大亂，便決定聯合臺灣一群對故國（明朝）存有特殊感情的「遺民」，以及當下對政府不滿的百姓，開啟以反清復明為目標的抗暴行動，雖然明朝也未必如同他們所歌頌的美好，但不服膺於惡政的初心與不惜付出生命作為代價為理想拚搏的熱血，仍然值得被後代牢記。只可惜在這個過程裡，內部因為重重矛盾與清軍分化，最後不僅偉大使命沒有辦法落實，而朱一貴也選擇流亡深山，從此消聲匿跡。這樣充滿日本漫畫風格的浪漫敘事，就出現在十八世紀日本

從鴨母王到反清復明的領袖，
朱一貴一生充滿了傳奇色彩。

京都的作家上坂兼勝的《通俗臺灣軍談》當中。

的確，朱一貴身上有著太多令人著迷的故事，從他養的鴨子總是能產兩倍的鴨蛋、靠一根竹竿就能使鴨子充滿方向感的行軍，還有他這個價值連城的朱姓，都足夠讓天生不羈放縱愛自由的臺灣人嚮往。

而且更重要的是，這樣一個在當時社會裡頗具資產的阿尼基，還特別地慷慨大方，時常救濟貧苦同伴、金援羅漢腳、給與往來行旅方便還廣交四方豪傑的他，彷彿是《史記》裡那位養士三千、門客絡繹不絕的齊國公子孟嘗君。

對他來講「能力越大，責任越大」，有了點資產的他也投入了神祕組織「天地會」❼的運作當中，這個傳說由鄭家王朝大軍師陳永華創立的地下組織，在整個清朝都是噩夢級別的存在。而朱一貴也巧妙運用這些埋在檯面下的人脈網絡，逐漸打造出一個可以與在臺清軍抗衡的強大聯盟。而他的目標也逐漸清晰：反清復明。

而這個時機，竟然在他沒有預料到的時間點忽然降臨了，這是來自南邊的一個狠人——杜君英[8]的起事。畢竟看不慣清廷作怪的也絕對不會只有朱一貴一個，但打響第一槍確實需要勇氣，杜君英是個戰鬥力破表的開墾者，他在與原住民頻繁交戰、族群組成特別複雜的屏東立足，有著強大的毅力與無比的勇氣。

當杜君英身邊一個閩南人告訴他諸多來自滿清的倒行逆施後，他決定打出「滅清奪國」的口號，向北進軍鳳山與府城。就在朱一貴起兵後打得不是特別順利時，剽悍的杜家軍已經連續打破了赤山、鳳山兩地。之後朱一貴才終於能長出一口氣開始清除周圍的反對勢力，團結力量大的歷史箴言也不斷地映照著這兩個同樣閃閃發光的明星

就是這樣一支東拼西湊卻結合各地民望的起義雜牌軍，居然成功打下臺灣府城，逼著當年欺負過他們的大小官兵通通逃到澎湖避難。然而當朱一貴興高采烈地宣布要建立新國度取代清朝，甚至連永和這個年號都搬出來時，卻發生了一起意外，讓這個使臺灣再次出現獨立政權的契機化為泡沫。

團結真的好難：朱杜相爭，清廷得利

這件事還得從分贓不均說起，杜君英的部隊雖然能打，但跟朱一貴集團之間卻有一道鴻溝——族群不同，來自漳州的朱家集團自然不希望非嫡系的杜家軍可以獲得共享天下、平分勝利果實的局面出現。絕對的公平就是絕對的不公平，此時的杜家軍也逐漸感覺到政局出現了一些變化。

於是在大軍進入府城的時候，杜君英向朱一貴表示，不用特別封賞自己，但希望已經坐上九五至尊寶座的朱一貴，可以給自己兒子一個王爺的爵位。老實說在革命過程裡，給功臣封官加爵是一筆絕對划算的生意，哪怕之後不能兌現，先把人心籠絡起來最重要。縱使杜君英的要求略微過分，但現在是需要對方繼續為朝廷賣命的時刻，給點封賞非常合理，難道君英錯了嗎？

然而朱一貴內心自然算的是另一筆帳，假設軍中繼續掛著兩個太陽，對權力架構來說反而是一種不穩定，最後朱一貴只給了杜君英一個公爵的頭銜。而同時與他平級的爵爺總共有二十七個，你說不給也就算了，還給的這麼不乾脆，同時還列了其他二十六個功勞與戰鬥力遠遠不如杜的傢伙填塞名單，這不是羞辱什麼才是羞辱？

氣急敗壞的杜君英，很快就在憤怒當中做了最難看的決策，他命令手下強搶府城民女，更過分的是還強擄了朱一貴功臣集團當中相當重要的吳外❾的女兒。從此兩邊乾脆都不演了，雙方在府城大打出手，意外的是原本戰力爆表的杜君英，居然輸掉了這次府城爭奪戰，最後引領敗軍北奔虎尾溪。

而朱一貴為了擴大戰果，趁機一路往北進攻杜軍殘部，一面往南打，計劃將杜君英的老巢屏東也收入囊下。然而就在朱杜兩人打得不可開交之際，一個壞消息從鹿耳門傳來：清帝國的平叛大軍已經趁著二位互相內鬨的時候，開進臺南府城了。

最終的結局其實也頗具諷刺意味，在朱一貴最終不敵清軍的狀況下，清朝的將領跑去誘降杜君英，並許諾他絕對不會殺來降的人。杜大概是想清朝也理解他跟朱一貴不共戴天的立場，索性就走出自己逃亡的山區，走向了清軍陣地；想不到他與朱一貴卻都殊途同歸：喜獲北京單程票一張，連帶家人都必須跟著去。然後在一個豔陽高照的午後，北京菜市口的城門上，又高掛了幾顆令人心生恐懼的人頭。

眼看他起高樓，眼看他宴賓客，一場懷念故國重做朱樓夢的熱情，也隨著秋風蕭瑟一切再歸塵土，彷彿預示著這片土地上的子孫後代，面對強權唯有奮起抵抗，團結是我們的根本，投降絕不是解藥。

歷史情境對話站

1. 團結是每個社會運動都會呼喊的口號，但從臺灣歷史在清帝國時代的經驗來看，會發現其中複雜的原鄉情節與族群文化落差，導致難以達成團結，團結應該建構在什麼條件下？
2. 文化差異性與歷史記憶的不同，使得社會保持多樣性，這對國家而言是利還是弊？
3. 理解共同利益，是否有助於推動團結進行？

延伸關鍵字 想知道更多，請搜尋——

#輪調班兵制 #《雍正王朝》 #海禁政策

❶種芋：詳見P.135。

❷餌魚：詳見P.134。

❸東寧王國：十七世紀時鄭成功祖孫三世在臺灣建立的政權。

❹GDP：國內生產毛額（Gross Domestic Product）。

❺《尼布楚條約》：為一六八九年滿清與沙俄之間簽訂的協議，康熙皇帝與彼得大帝各派代表，在西伯利亞彼此劃分土地主權的重要依據。

❻輪調班兵制度：康熙擔心來臺士兵跟官員會難以管理，於是流動性調度，任期最多只能三年。

❼天地會：請詳見P.252。

❽杜君英：下淡水至今天屏東一帶的廣東省潮州籍移民，為六堆地區重要的領袖。

❾吳外：曾在朱一貴攻打赤山（今高雄鳥松）時立有戰功。

【08】

把歷史教訓當耳邊風的清帝國

歷史小檔案

登場人物

林爽文、福康安、海蘭察

發生年代

1684 ～ 1862 年

國際上正發生

- **俄羅斯**：強大後也開始把目光放到遠東，一方面擴大自己在波羅的海的影響力、一方面也與清帝國爆發長達數十年的雅克薩戰役❶，最後以《尼布楚條約》、《恰克圖條約》❷確立在遠東地區的優勢，同時在草原與沙漠地帶強化軍事部署與外交。
- **清朝**：與此相反，邁向帝國全盛的清朝卻逐漸在對外事務上左支右絀，號稱乾隆時代的十全武功：大小金川戰役❸、征緬之戰❹都付出極為慘痛的代價，遲暮之態逐漸明顯。

大帝國當然從版圖上看起來氣勢恢弘，但在帝國角落裡的小人物又是如何生存的，自古以來在所謂大國朝堂裡的萬千氣象都只屬於既得利益者，而邊疆又存在什麼樣的故事？在朱一貴事件後，百病叢生的狀況已經無可遮掩地呈現在北京皇帝的御案前，但臺灣人的處境真的有因此而獲得改變嗎？現在亞洲的富庶島國，有著一段比百年孤寂裡那個失落之村更悲傷的故事。

人口激增、族群矛盾，讓民變不可能根除

朱一貴既不是第一例，更不會是民變的結尾；事件結束之後給了清廷一個重大的警惕，表面上民變不難解決，如同民間所傳唱的：「五月稱永和，六月還康熙」，但實際上卻看出清帝國在臺灣的統治如同一團亂麻。有限的兵力、不夠應付大量移民的行政體系，讓中央做出將南邊的統治範圍縮小到枋寮，而北部諸羅縣人口過多、需要另立彰化縣來加強控管，此外也透過巡臺御史黃叔璥對臺灣人文風土進行更近距離的考察。

但是，只要人口激增、族群矛盾兩大變量持續不穩定的存在，那民變就不可能得到根

除，影響更為劇烈、讓臺灣歷史走向徹底發生改變的林爽文事件在乾隆年間爆發。

說來諷刺的是，從康熙開始到乾隆，也就是一六六一年到一七九五年這一百三十五年間，是清帝國近三個世紀統治中最優秀的盛世階段，但同時卻在臺灣發生了兩次的大型民變（朱一貴與林爽文事件）。

要探究為何民變頻繁發生，還是得先從這個階段臺灣的社會跟政治問題說起。首先，在清朝統治了快一個世紀後的一七八二年，一場劇烈的漳泉械鬥（謝笑案）結束終於讓北京裡少數的明白人對皇帝提出了建議：不要再設三年輪替制了，這些來臺的高級官員如果每個都是抱著數饅頭的心態，又有誰能好好落實政策以及進行改革？

乾隆皇帝也算是從善如流，大筆一揮就把三年改成了五年，希望這些官員能夠在更有餘裕的時間裡，真正對臺灣百姓做點好事。

但是臺灣的問題並沒辦法快刀斬亂麻解決，此地大約從清統治的一開始就已經有很多狀況持續惡化，特別是人口過多使朝廷難以掌握。舉例而言，福建巡撫雅德曾在一七八三年（乾隆四十八年）向皇帝報告，臺灣府有男女老少共九十一萬六千八百六十三名。

但是等到一七八七年的林爽文事件結束後，重臣阿桂卻上奏：臺灣雖是海外一角，但村莊戶口比起內地，數倍有餘。例如府城（今天的臺南），根據原本的人口報告說有十三萬人，但經過清查卻發現超過九十幾萬！

當然面對這個報告要先想想，九十幾萬會不會是大量躲避戰亂的人口逃入府城的結果。否則直到大樓林立的今天，舊臺南市區恐怕也還是不到九十幾萬人口的規模，何況是兩百多年前。

但側面也可以了解到，清政府對臺灣人口的掌握度實在不高。大概可以想像這群戶口上查不到身分的人，在無業、無家、無可失去任何東西的狀況下，他們在街坊城市裡會是多可怕的存在，打家劫舍、收取保護費、偶爾還加入一些祕密組織，絕對夠政府感到頭痛的。這群人就是我們在課本上常讀到的「羅漢腳」。

天地會——臺灣版聖殿騎士團

在乾隆皇帝統治的中期，整個大清就已經陷入一種極端不安的情緒，像是一個火藥桶，只要被點燃就是一場浩劫。

早在一七六八年大清帝國內部就因為一場名為「叫魂」的妖術案，讓整個國家陷入恐懼。理由只是因為有人舉報山東地帶和尚會撿拾別人頭髮，進行對他人靈魂的控制。

這種一聽就是會出現在爆社、低卡❺上的無稽之談，居然最後讓乾隆皇帝下詔徹查，而且還越查越離譜，弄到全國官員為了表達自己對皇帝的忠誠，紛紛抓了一堆無辜的人交差。而社會秩序的失控，自然是許多祕密組織發展的溫床。這個從鄭成功時代就隱約影響著大局的天地會，此時仍然在臺灣繼續壯大著。

可必須提醒大家注意的一點是，天地會這三個字正式被記載在官方檔案裡是在乾隆晚期，當時的福建巡撫徐嗣曾在奏摺裡寫道：臣等查萬提喜於乾隆二十六年（一七六一年）倡立天地會。

所以往回溯這個組織發展在明鄭時代會有點問題，隨著清初期對臺灣的消極態度，許多民間的糾紛、財務上的保護、社會上的互助，需要的就是非官方力量的協助。他們有財產、有武裝力量，也有跟朝廷維持一定競合關係的能力，一如知名歷史論述網站「戰國福摩薩」形容的：天地會就是臺灣版的聖殿騎士團❻。

公然搞多元成家，一律處刑

在民間力量逐步強大後，朝廷當然要想辦法消滅，特別是看到人民居然還有異姓結為兄弟、歃血為盟，這都讓政府感到不安。倒不是擔心又出現像李旦、鄭芝龍這樣的彩虹色緋聞，而是害怕他們跟當年劉關張一樣來場桃園結義，然後就是爭霸天下、逐鹿中原。所以清政府特別規定，在臺灣如果有人敢公然地搞「多元成家」，一律處斬監候！

凡事過猶不及，當這個政策推出之後，就因為地方上的一場土地繼承糾紛而演變成不可收拾的大混亂。

主要是因為一對楊姓兄弟在爭財產，雙方後來衝突加深，又各自有朋友及江湖上的兄弟參與，諸羅縣的官員就決定重拳出擊，先是判定幾個帶頭的斬監候，進一步將矛頭對準隱約在這一事件中有著影響關係的天地會。

當然如果可以把所有的潛在威脅都解決掉，一勞永逸絕對是好的，特別是能夠以正義大旗來當作掩護，實則進行各種燒殺搶掠。很快地諸羅縣就成為了這波掃黑運動首當其衝的受害者——官軍開始藉由平息亂事對諸羅下手，這讓天地會也不得不遁逃到大里杙（今天臺中的大里）。

霧峰鄰近山區，與官軍勢力強大的彰化縣城還有一段距離，加上當地也有不少百姓受天地會恩惠，因此雙方獲得短暫的和平。然而這一切隨著朝廷派遣到北邊巡防的兵力漸增，事情又出現轉折。

這群官員各個剿匪的膽子沒有，但卻有藉由剿匪斂財的膽子，而且還很大。臺灣府知府孫景燧觀察到官方的兵力已經足夠，加諸剿滅天地會的名義實在無懈可擊，於是開始展開對大里杙的包圍，除暴安良我不行，魚肉百姓一定贏。

但很快地，他們會發現自己惹錯人了，因為現在在一水之隔的大里杙，將有一個奇才用他的反擊，敲出屬於這個時代最巨大的浪花，並讓他的名字深深刻在統治者的心裡，成為帝國輝煌之下最避無可避的一道陰影。

他就是林爽文。

爽文不爽了，一口氣拔掉大部分清廷統治根基

林爽文是標準來臺尋找生機的「負二代」，他因為家境貧困，於是帶著眷屬偷渡來

臺，儘管不會經商又不是開墾的大戶，但憑藉獨特的人格魅力，說白了就是兩個字：慷慨，林爽文在當地社會頗受擁戴。捨得花錢、行俠仗義的形象，讓他迅速在漳州人社群裡變得重要起來。

一七八二年（乾隆四十七年），來自福建的布商嚴烟❼開始對林爽文傳授天地會的教義。你說這個宗教真的有讓人特別著迷的點嗎？我不認為，但在亂世當中它的確是自保以及擴大影響力的好平臺。

林爽文也展現了他的領導特質，很快在人群中成為了大哥，這導致彰化跟諸羅地方逃亡的天地會成員進到山區後，都躲到他的羽翼之下，試圖躲避朝廷的通緝，此時已是一七八七年。

滿清官方特別擅長的莫過於分化，他們迅速貼出榜單表示只抓首惡、包括林爽文，如果村落裡的其他住戶想要倖免於難一點也不難，交出這些壞蛋就可以。另外則開始對邊緣聚落進行搶掠、放火，看看殺雞儆猴能不能起作用。

林爽文看到這局面就要坐不住了，這時林家的長輩們趕緊跳出來，跟我們想冒險或者創業前聽到的勸諫一樣，他們苦口婆心得勸告林爽文：「不要衝動，衝動是魔鬼！造反是不會有回頭路的，真的，我們都是為了你好！」總之一頓有道理的情緒勒索後，林爽文真的壓著怒火還躲進更深的山區去。

然而此時清軍卻拿到錯誤訊息，以為林爽文已經被抓起來了，亂事很快就會結束，因此夜裡軍營周邊也沒有太多防備。直到有一批人馬突然衝到帥帳前，向當時的彰化知縣俞峻報告有重大進展，俞縣長大概是覺得優勢在我，喜孜孜得迎接這群鄉民，想不到鄉民不只是來看熱鬧的，還是來放炸藥的。

他們從四面八方湧入，將軍中的火藥點燃，並且殺得營中官兵人仰馬翻，縣長眼看大勢已去，要走也來不及了，最後就戰死在亂軍當中。成功打得清軍落花流水後，鄉民決定再到山上拉出林爽文做領導，而且都到臺中了怎麼能不順便進彰化呢？

於是這群七拼八湊的部隊包圍了彰化縣城，由於城中軍隊大部分都已經葬身在大肚溪邊，城防空虛無比，林爽文的這批部隊居然成功完成了擊殺臺灣知府孫景燧、都司王宗武、理番同知長庚的壯舉，一口氣拔掉整個濁水溪以北清廷的統治根基。此後林爽文更是兵分兩路，一路往北以進攻竹塹為目標，另一路則先下諸羅，再準備往府城出發。

先講講北軍，北軍的統帥叫王作，在他的號召之下，今天的苗栗、新竹甚至臺北一帶，都有人主動帶兵前來會盟。一時之間勢如破竹，在苗栗後龍與當時淡水同知程浚一戰勝利，逼迫對方自盡並且降伏了竹塹城。

南軍則由林爽文自己帶領，由於諸羅城內有許多內應，攻城幾乎不費吹灰之力。更往臺灣南端看去，從屏東也走出另一批戰鬥力驚人的反清部隊，首領則是林爽文的兒時玩伴、後來遷居今天高雄市小港區的莊大田。

但這支部隊更值得一提的是，他們軍中有一位女軍師——金娘，她的傳奇性實在高得令人懷疑是小說裡走出來的。

首先她是一個標準的平埔族女性，在加入叛軍之前，還談過一段年齡差距頗大的姐弟戀。當莊大田軍包圍鳳山時，金娘就站在軍隊前開始施咒，最後指揮大部隊有序地發動進攻，並且成功打下這座被視作固若金湯的城市。當林爽文得知這個消息

只要我們齊心，
拿下清軍不在話下！
若說林爽文是負責輸出攻擊的戰士，而金娘則是負責施咒吟唱的法師。

時，立刻不吝賞賜的封她為一品柱國夫人。

就在物理、魔法攻擊雙重奏效，天時、地利、人和皆已占盡的時刻，如果林爽文打下府城，沒錯，可能臺灣歷史就會從此徹底改變了。可是，半場開香檳慶祝勝利仍然是太早了一點。

最差不過被砍頭，造反軍的命運大賭盤

「負二代」林爽文在這時候已經來到了自己的人生巔峰，他的版圖已經從八里坌一路延伸到臺灣府城下，響應他的民眾如潮水般湧出，各地生活不如意的人們，以及天地會的弟兄正在攻城掠地。如果繼續維持這股熱度，「爽流」將會席捲整個臺灣，他將會成為這個旋風上最耀眼的一顆星。

但大家可以想想，這群「爽粉」是由哪些人組成——當然有許多是受到官府迫害而求生不得的人，但同時裡頭也夾雜各種羅漢腳、流浪漢、無業遊民跟地痞無賴。

大抵上他們跟隨林爽文起義也不是為了任何理想，單純就是希望在這窮鄉僻壤透過自

己的一條命，賭上那麼一回。最慘就是一無所有被抓去砍頭，如果命運之神不小心幫他骰到十八啦封侯拜相，那期望值是無限大啊！

所以當這群人如秋風掃落葉的席捲各大鄉里時，所做的事情也不比壓迫他們的滿清高尚多少。燒殺擄掠跟搶奪地盤的事情一件也沒減，可想而知這時候原本態度保持觀望的泉州人、平埔族跟客家人會怎麼做？當然是為了捍衛鄉里、保家衛土，各個都選擇站到了林爽文「義軍」的對立面。

以鹿港當地泉州望族林湊為例，他就帶領一群被爽過頭的爽粉傷害到的群眾對彰化發動反擊，最後直接把原本南北呼應的義軍攔腰斬斷。新竹一帶的客家人也積極響應朝廷的反攻行動，最後糾集地方數萬人，成功地也打下竹塹這個北臺灣開發最早的商港聚落。

後來，林爽文雖然地盤縮小到只剩下濁水溪流域以南，卻始終能跟清軍打得有來有回。而打破拉鋸局面的，是從北京調來的一位宗室大臣——一直被謠傳是乾隆私生子、升官速度遠高於和珅、曾經在大清版圖上山下海的福康安。

當然，拜《延禧攻略》之賜，大家可以更清楚知道他就是第一男主角富察傅恆的兒子，他帶來了帝國精銳，滿洲巴圖魯（勇士）以及打過大小金川戰役的部隊。面對這群百戰之師，地方上憑藉一股血氣就上陣的起義軍又怎麼會是對手？在幾次府城守衛戰成功後，朝廷大軍終於結束了林爽文這次轟轟烈烈的起事。

爽文後，臺灣各民族間撕裂的傷痕更深

朝廷為了震懾這群造反的勢力，於是在物理上做到連根拔起——首惡莊大田、林爽文在北京被凌遲，其餘子孫通通被閹割。當然這群小太監們在嘉慶年間還唱了一齣戲，因為一場事涉葛瑪蘭的土地開發詐騙案，最後被連帶著屠殺殆盡。

在林爽文事變結束後，臺灣各大民族之間撕裂的傷痕更加深刻。站在朝廷這邊的人們，被賜與「義民」的封號，不只客家人擁有這個名字，漳、泉、客、平埔族也都有得到獎賞。

泉州移民得「旌義」，旌揚他們在整場戰事裡的正向貢獻；漳州移民則得「思義」，希望他們能不跟自己的老鄉一樣整天想造反，要多思考何謂忠義；而粵籍則以新埔為核心，為褒揚他們的忠心，便賜予他們「褒忠」之稱；而後客家人也就在這裡建立起臺灣史上第一座義民廟，即今天的枋寮褒忠義民廟。

值得注意的是，當時與朝廷緊密配合的還包括熟番，並且得到「效順」的賜號。他們是勝利者，不但守住了自己的田產祖業，還獲得了朝廷的嘉獎。

他們回憶裡的林爽文是一場惡夢，因為這場造反，很多無辜的人付出生命代價。在擺接堡一帶還有許多人因為變亂而死，後來成為今天在捷運永寧站外的大墓公；也有許多客家人在戰爭中，成為了萬人塚的一部分。

但對再次受到打擊的漳州人而言，他們則有完全不同的回憶，例如日本統治時代出生的詩人王白淵，大約是從小聽著父執輩講林爽文的故事，所以他曾經寫下：「**在殖民地長大的人，都一樣地帶著民族底（應該是的）憂鬱病。這樣的病在日本治下是無藥可醫的，我時常在這病症將發的時候，就想起「林爽文」來和我作伙。他的風度，他的浪漫斯（romance），他的革命之成敗，就好像革命詩人拜倫一樣，很使人家同情，很使年青的人懷念。**」

至少林爽文是最有面子的反叛者了，直到今天我們都還是可以在南投找到爽文國小、爽文國中，我想應該在其他國度很少能看到這種極具特色的存在吧，例如張角高中、黃巢國小、自成高中之類的。

歷史是具多面向的，他可以是理想爛漫的英雄、舉起屠刀的殺手、殘害地方的惡霸、黑道理的頭人、朝廷心目中的叛徒，但同時也可能是一群人所永遠紀念的精神圖騰。

❶雅克薩戰役：指一六五二～一六八九年期間，沙皇俄國為了鞏固遠東的影響力，在雅克薩地區築城，清帝國兩次發兵確保自己在此處的優勢，雙方因此爆發戰爭，最終以簽訂尼布楚條約告終。

❷《恰克圖條約》：一七二七年（雍正五年）俄清雙方簽訂此條約，釐清爭議領土的所有權歸屬。

❸大小金川戰役：清朝對南方少數民族採羈縻政策，一七四七年與一七七一年，四川西北一帶的地方勢力（土司）與中央政府爆發矛盾，因此乾隆皇帝下令征討。

❹征緬之戰：一七六五～一七六九年圍繞雲南邊境問題，清帝國與緬甸爆發了四場大規模戰鬥，雙方後來不分勝負。

❺爆社、低卡：「爆社」是爆料公社的簡語，為臉書社團，是一個供網民爆料的平臺；「低卡」則是Dcard，是臺灣的社群網路服務網站。

❻聖殿騎士團：全名為「基督和所羅門聖殿的貧苦騎士團」，創立於第一次十字軍東征期間。

❼嚴烟：出自劉妮玲的《清代臺灣民變研究》，其中提到一七八三年（乾隆四十八年）嚴烟藉賣布為名至臺灣傳授天地會。

歷史情境對話站

1. 對兄弟義氣相挺的林爽文的舉措值得支持，還是單純破壞社會和諧？

2. 如果林爽文真的建立了一個臺灣的在地政權，你認為他最棘手的問題是什麼？缺乏行政幕僚、面對民族矛盾還是經濟問題？

延伸關鍵字 想知道更多，請搜尋——

#褒忠亭 #義民爺 #莊大田 #福康安 #《嘉慶君遊臺灣》

【09】

為什麼臺灣會被叫鬼島？

歷史小檔案

登場人物

臺灣先民

發生年代

1683 ～ 1800 年

國際上正發生

- 中國：

❶就在康雍乾盛世的表象之下，無數的社會危機也開始顯露端倪。叫魂案的發生，讓我們看到看似日正當中的王朝，在迷信與巫術的表皮底下，幾近潰爛的社會秩序與道德感，終究引起一場毀滅性極強的社會騷亂。

❷川楚白蓮教之亂以及沿海地區的祕密組織興起，加上海賊再次橫行，彷彿也敲響了滿清帝國即將遭遇滅頂之災的警鐘。

同一個臺灣，為什麼歷史記載卻有著完全截然不同的評價，有言臺灣恰似鬼門關，卻也有道此地物產豐饒、富甲一方？到底怎麼樣的紀錄是客觀的？臺灣人的商業基因與海洋性，似乎使得社會相當現實主義，甚至延展到宗教信仰上，都出現了非常功利的取向，此篇將從過往發展來剖析這樣的特質。

一場事變結束之後，無論勝敗，其實老百姓都是最大的輸家。在民變、械鬥、生番出草，以及各種瘟疫延燒的狀況下，在臺灣要想活著都是奢求。

上個章節提到來臺的恐怖，大致上光是要橫渡臺海就非常困難，洋流的不穩定、當時運輸船隻的破敗程度，都會讓移民過程像是被強制綁上遊樂園的海盜船。

但縱使你已經受不了吐意想要下來的時候，你會發現整個航程比自己想像的還要長。參考當年要來北投採硫磺的郁永河留下的筆記，他搭乘的船縱使不是最頂級的，畢竟是官方船隻品質有一定保障，都要航行整整四天。

渡臺難：比韭菜更慘的餌魚跟芋頭

試想你如果是個偷渡客，在碼頭邊看到有一些人蛇集團招了一群也打算到臺灣去的人，你毫不猶豫地上了船後，發現自己被安排在一個滿是汗臭、尿騷、老鼠、跳蚤的空間裡，又因為不能被巡邏人員發現，抵達臺灣之前，你都無法離開這個暗無天日的地方。

忍耐著三、四天的顛簸、風浪，如果不幸船隻沉了，家人連保險理賠都領不到，更可能根本也沒有人知道。如果不幸遇到官方的海巡，不肖的船家為了躲避查緝，可能把你跟滿船的偷渡客通通丟入海裡，這就是「餌魚」。

也可能九死一生來到臺海沿岸，船東為了趕緊再去載下一批乘客、也可能避免遇到岸上的官兵，他會將藏在甲板的大家叫醒，然後放下梯子要你們通通下船。然而踏上臺

被種芋、當餌魚的來臺客。

灣的那一刻就會有人驚覺，這泥沙也太軟了，踩了只會往下陷；沒錯，不良船東只負責將你送到沙洲，但這種地形是不可能行走的，沒多久人們就會逐漸陷入泥沙裡，最後海水一漲潮，便通通葬身大海，這就是所謂「種芋」。

我常在想臺灣明明是島國，但為什麼對自己的海洋感覺如此恐懼，無數的人靠海而生，但基因裡對浪花、海水卻無比抗拒。從小到大聽不完的海邊抓交替鬼故事，恐怕都與黑水溝的海象難以預測、渡臺過程過於艱辛，以及海岸邊曾經哀號的冤魂有關吧。

沒有女性的社會，你敢想像嗎？

我不太能理解那群因為情感受挫、不受喜愛就轉為仇女心態的魯蛇在想什麼，當一個社會沒有了女性力量存在時，那種失控的局面才真的難以想像。

透過《諸羅縣志》上面的記載說「**內地各津渡婦女之禁既嚴**」，這導致臺灣的男女比例人口嚴重失衡。男性過多、甚至過剩的狀況，導致臺灣社會一整個充滿瘋狂暴戾之氣，為了爭奪少之又少的各項資源，時而互毆打殺是家常便飯。剛開始，漢人移民數量遠低於原住民，這讓他們即使捏著鼻子也必須抱團。

在一七二二年以前，從資料上比較少看見漢人之間的鬥爭，但漸漸等到人口暴漲、生存壓力劇增後，漢人就開始彼此分化並且進行械鬥了，最具代表性的應該是一七三二年的吳福生事件。

吳福生本人是朱一貴曾經的屬下，在事變失敗之後他繼續潛伏，直到中部地區爆發大甲西社事件時，他找到了一起跟隨朱一貴的同夥，再次對鳳山縣城發隊進攻。

過程當中也不乏利用閩粵衝突，趁機對客家人進行「反攻清算」；無獨有偶，全臺各地的閩粵械鬥也隨之變得頻繁，從臺北盆地、苗栗山區到屏東沖積平原都成了戰場；但人類的好鬥是遠遠超過想像的，在這一輪亂事還沒得到解決、各地官府有氣無力地發布「呼籲閩粵放下成見」文告的時候，閩人自己也內鬨了。

整個十八世紀中期，臺灣的爭鬥主線變成了漳泉械鬥，大臺北地區為了爭奪盆地的開發使用權，大量人口陷入戰亂當中，後來弱勢的漳州人只能退出景美溪以外，來到今天土城、樹林、鶯歌、三峽一帶開發。

但是獲得勝利的泉州人，也沒有因此停下他們鬥爭的腳步，一八五三年，為了搶奪貿易商港蛋黃區，同文同種同族同鄉的他們持續鬥爭，導致爆發「頂下郊拚」❶。

會引起這麼多集體暴力事件，可以歸咎於官方力量實在太過薄弱，也可以說是臺灣開發到了飽和，水、土地、米、人力、房舍都是極為稀少的資源，想要獲得就必須得用拳頭說話，但更重要的原因可能在於：移民社會的陽剛之氣過剩，缺乏柔性力量的制衡。

不過這也帶來幾個直到現在都還流傳在臺灣社會的影響，那就是比起漢文化圈的其他國家，臺灣女性地位較高，諸如「娶一個某，贏過三個天公祖」、「聽某嘴，大富貴」都顯示了這種現象。

死去的女兒託夢說想嫁：祭厲文化與孤魂信仰

也大約是在這幾百年的時間裡，實在有太多人死得不明不白，莫名其妙地就成為路邊枯骨，這才導致臺灣人對鬼特別的畏懼，臺灣的祭厲文化也就更加鼎盛。

在臺灣有無數的陰廟，無論是水流公、有應公、萬應公、姑娘廟都有著這樣的特性——原本無人收葬，或因靈異現象讓居民害怕，進而收骨祭祀，還是因為有些特殊事蹟使人懷念，進而得到香火而有廟宇。其實折射出來的都是移民社會裡，對曾經一同打拚、一起懷抱安身立命之願卻下場悲慘的同伴，一點溫情與念想。

可以這麼說，臺灣人對死後世界的想像，完全取決於當世的社會狀況。那當傳統宗法與現實社會的重女現象出現衝突時又該怎麼辦呢？我們大概可以在一些比較特殊的案例當中窺見一二。

在臺灣由於醫療的落後、環境的惡劣，有許多小孩、特別是女嬰容易夭折，可想而知這些父母內心當中會有多大的不捨，這種心情往往會導致他們到了女兒原本應當花季年華的十餘年後，出現這樣的夢境：女兒託夢，懇求著父母自己想嫁人，並且無人祭祀也無人照料的悲傷心情。

按照傳統宗法禮儀，女子未嫁便夭亡是不得入祀祖先牌位的，在那個大家都相信死後仍需要依賴供品才能存續的年代，孤單的女魂自然是無所歸附的。父母這時候會將女兒的生辰八字或者是遺留的貼身物品，裝入紅包袋中，放置在路邊，等待「有緣人」能夠成為亡女在陽間的伴侶。

《臺灣風土志》一書中就有記載：「在臺南，凡女子成年未訂婚約而死亡的，父母以其無後嗣供奉，乃用紅紙條書明其生死年月日時，附現款四元、六元、十二元，或二十四元不等，包封妥當，遺置道旁，有人拾得的，即須迎娶其神主牌以承祀之，否則必有不祥之兆。」

在那個羅漢腳盛行的時代，如果能撿到紅包，那就恭喜你至少脫單成功，比起大部分的魯蛇都還勝利了！不過聽到這裡可能會有人立刻跳起來大喊：紅包這麼少、娶進門得還看不到，不過看得到還得了？這麼可怕的事情有哪個傻子會去做？

其實這麼想就錯了，一旦你可以透過冥婚，獲得了新的人脈網絡，你就有兩位願意照顧你起居的岳父母存在，老婆或許看不到，但嫁妝卻是少不了。有了「第一包金」後還有「第一桶金」，發家致富可能還沒辦法立刻達成，但創業基金到位後，經過自己的努力，要想再娶到陽間妻子就不是難事了。

所以啦，臺灣的祭厲文化、孤魂信仰或許從表面上看令人毛骨悚然，但仔細理解後會發現：其實這背後透露的不但是人情義理，更有現實逐利的色彩。

臺灣的神居然可以協商跟談判？

臺灣移民的重商逐利本質是深刻到宗教信仰裡的，我常拿佛教、基督教跟伊斯蘭教來與臺灣的民間信仰比較，你會明顯發現臺灣人也太愛錢了吧！

舉例而言，你會看到一個阿嬤在過年期間走進任何廟宇，開口就是希望家裡平安、健康順利發大財。但從來無法想像，會有一個人走入教堂當中，跪在十字架前，懇求全知全能的父給他無比的財富。這也算是我們海商與冒險者組構的社會裡相當特別的現象，縱使是神明，仍然有社會階級跟談判的空間存在。

舉例而言，越是細瑣的心願越不會跟神格高者分享，像是發財的願望不可能跑到天公廟裡求。一如在現實生活裡，路燈壞了會打給里民辦公室，而不會直接求救總統府一樣。如果所求的標的必須透過沒那麼光明正大的方式獲得，那麼陰廟絕對就是最好的去處。

這個邏輯還是要回到現實角度分析，那就是神明需要什麼，而我們能給什麼？如果今天你將一個不入流的願望告訴關聖帝君、玉皇大帝，慈悲為懷的神明可能聽完之後，給你一個笑杯一笑置之，畢竟祂們的香火鼎盛、神職也高，不缺你這樣一個需索無度的信徒。

但路邊的陰神就不一樣了，陰神可能跟你一樣出身社會底層，了解最為直觀暴力、卻是無比真實渴望的夢想，而祂需要的是更多人來祭祀，以求廟宇不會斷絕香火，擁有法力又需要信徒的陰神就有了幫助你的可能。這也就是為什麼這些廟宇時常被稱作：有應、萬應，因為祂們比起高階神仙，更有幫助大家完成心願的動力。

但是有借就有還，對人如此，對神明也同樣不能忘掉這個基本禮數。如果在祭祀過後，神明真的幫你完成心願，那你必須得給予相對應的感謝，例如舉辦酬神宴、或者上演野臺戲，無論是歌仔戲、布袋戲都可以，這就是所謂的還願。

下回，如果在暗夜毫無人跡的田邊，忽然看到有一個金光四射的舞臺搭著，並且演員賣力表演的場合，你就可以理解，神明又一次保佑了一個家庭平安的度過這年。

基督教再次改變臺灣社會

隨著臺灣失去了錢淹腳目的大開發時代，等到清末才來到這片土地的人們，比起前人雖然無須受到這麼多的生死關卡挑戰，但風險與獲益也成正比的明顯下降，在原鄉窮苦的人們，來到了臺灣也只能繼續階級複製；可這個時候又有一個新的變因出現，再次改變了逐步僵化的臺灣社會。讓人意想不到的是，這群人的身分居然都是基督教傳教士。

由於臺灣當時隸屬於清帝國，當然在宗教政策上也就跟著雍正、乾隆兩位帝王一起反對西方宗教，這使得荷蘭時代就已經進入臺灣社會的基督教一時消聲匿跡。然而兩地連動的效果就是，等到大清必須在心不甘情不願的狀況下打開國門，臺灣也跟著這一波浪潮，成為西方宗教傳播的重鎮。

最迅速在這波浪潮裡布局的，是在宗教改革當中損失大量教徒的天主教道明會，一八五九年，他們來到了打狗港邊，並且在這裡興建了玫瑰天主堂，而後的一八七〇年，更是深入到屏東的大武山腳，擘畫出臺灣歷史上第一座、也是保存最完整的宗教聖殿——萬金聖母堂。

到了十九世紀六〇年代後，基督新教也隨著甘為霖、馬雅各、馬偕等人帶進了臺灣。特別需要注意的是，他們不僅是帶進聖經、聖歌與宗教教條，同時在他們行李箱裡帶著的，還有十九世紀處於科學、文化、哲學、醫學巔峰的西方世界最先進的思考與技術。

於是看到英國蘇格蘭長老教會馬雅各博士在臺南開辦了新樓醫院，改變了當地人的公共衛生習慣；馬偕博士在原住民部落拔牙，甚至讓葛瑪蘭大量漢人改姓偕以紀念他的貢獻；甚至還有來自加拿大的戴仁壽醫師為了拯救痲瘋病人，不惜自己沒有後代也要照顧這群被社會鄙視、拋棄的「骯髒」病患，在臺北成立樂山園收治，諸多事蹟都彰顯了當時西方進步文明對臺灣社會帶來的關懷。除了在社會傷口上的努力醫治外，基督教士似乎也對臺灣當時的邊緣存在提供了一道上帝的祝福。

香火符解決不了，就交給十字架：信神看KPI？

在那個年代，要改宗信仰基督教是需要極大勇氣的，畢竟在傳統又保守的社會裡，將神像、公媽牌拋棄不祭祀，跟著一群留長鬍子、藍眼睛的人們混在一起，怎麼看都跟中邪沒兩樣。從史料上甚至可以看見丈夫信仰了基督教後，妻子受不了旁人指點與刺激，最終選擇上吊自盡的極端案例。問題是為什麼還有人要信基督？原因就跟上一章節提到的臺灣人民族性有關。

我們拜拜是看KPI的，如果今天祭祀神明之後，得不到問題解決，家裡仍然有人在拜完藥王之後藥石罔效，那改宗改信、換個神明拜拜看也就合情理了。馬偕的第一批信徒當中，就存在許多這樣的案例，原存在於社會裡的諸神已經棄他們於不顧了，那香火符解決不了的問題，就交給十字架吧。

另外還有一個意想不到的影響：正因為這群傳教士的博學、多聞，他們能夠把經濟、科學帶給這群連四書五經都碰不到的社會底層，反而讓這些底層們有了彎道超車的機會。憑藉外語能力、以及來自西方的新思維，他們往往能在一代人的時間裡就迅速翻身，成為後來商界、醫界、宗教界甚至是政界的重要大老。

比如說在大稻埕發跡、透過跟英商合作大發利市的李春生；比如說原先只是來臺打工卻因為求學於馬偕，後來家族在服務鄉里留下佳話的高長；比如說祖輩曾經做過勞工，卻在改宗教之後、努力奮發最後成為極具影響力的高雄彭家，這都是基督教帶給臺灣社會的巨大改變。

當宗教成為一個新的媒合平臺，讓一群本來無依無靠的人們在更多的人脈連結後，受到西方科學與思維的啟發，逐步在原本的社會裡上演逆襲傳奇。或許這也是在臺灣多批移民裡，最讓人看到希望的篇章。

❶ 頂下郊拚：在一八五三年發生於艋舺的分類械鬥。

歷史情境對話站

1. 近年來韓國的邪教影響全球各地，宗教與邪教之間的界線在哪裡？
2. 西方宗教兩次（十七世紀荷蘭時代、十九世紀開港通商）改變了臺灣社會，基督信仰的組織性質與東方傳統宗教最大的差別是什麼？
3. 臺灣人對宗教的思考與西方世界的贖罪券有什麼差別？
4. 大家樂風靡過去臺灣一時，賭徒請了神像回家祭拜，一旦開獎沒中，這些神像就會被丟棄，是否為清領臺灣社會功利風氣的延續？這是該被保存的風氣嗎？

延伸關鍵字 想知道更多，請搜尋——

#媽祖信仰 #牽水(車藏) #天主教道明會來臺 #李春生

【10】

一八九五的亡國感，讓臺灣人同島一心？

歷史小檔案

登場人物

唐景崧、辜顯榮、姜紹祖、樺山資紀

發生年代

1895 年

國際上正發生

- **日本**：日本與清朝的甲午海戰落幕，明治維新後崛起的超強政權日本取得了太平洋西邊的絕對優勢，打倒了「改革開放」三十餘年的大清，完成屬於自己的強國之路。
- **德國**：同時期的歐洲，也正在歷經維多利亞時代的最後璀璨、以及德意志帝國的新挑戰，鐵血宰相俾斯麥在其執政生涯努力維持俄德親善，試圖以此來強化自身在歐洲地緣政治上能處於不敗之地，但新君主威廉二世卻有不同想法，這也使得世界開始戰雲密布。

伴隨著日本如旭日般東昇，臺灣成為刺眼日光下最被炙烤的土地，面對到政權的轉移，這塊土地上的人們能否屏棄過去數百年的鬥爭與心結，進而團結對外？

在複雜的族群問題以及從沒有得到緩解的械鬥之下，臺灣島上的居民仍然是以自己的祖籍作為認同標的，那究竟是什麼力量促使大家開始感受到彼此是命運共同體呢？

西仔反：清法戰爭的爆發

我想，在這個時候就只能仰仗外敵才行，總是要有來自外部的壓力，才會讓人感受到內外之分。第一次讓大家感覺到要團結，是因為清法戰爭❶的爆發，這也是在大清統治臺灣的兩百年來，第一次讓漢人群體感受到被外敵入侵的恐懼。

此前的羅妹號事件、牡丹社事件，都發生在帝國控制不到的恆春半島，漢人感受不

戰場延伸至臺灣淡水的清法戰爭。

深，但法國這次的登陸作戰，卻著實讓整個北臺灣都拉起了警報，對於這段歷史，其實民間有一個更有趣的稱呼：「西仔反」，意即西方人的造反。

仔，是臺語語境裡很有趣的存在，凡是在名詞後方加上仔，就多少帶著鄙視的意思，舉凡番仔、阿都仔、少年仔、阿陸仔都存在這種味道。

而這次戰爭除了基隆、淡水兩地陷入危機，還有英商記錄到劉銘傳意圖逃回福建，結果在艋舺被憤怒的民眾攔住車轎，不得已躲入龍山寺的事蹟。

另一方面則因為排外情緒，導致當時馬偕在北部建構的七間教堂幾乎被破壞殆盡。馬偕本人在戰後向劉銘傳討要賠償，而為了避免生事，劉銘傳非常大方的慷國家之慨給予補貼，這也就讓馬偕在他罵盡滿官腐敗的日記裡，意外寫了好幾句劉銘傳的好話。

頭一次讓大家出現臺灣人概念的大事件，是發生在一八九四年，數千公里外的黃海上發生的戰爭。

沒錯，當時的臺灣人跟你我一樣都會覺得：這與我們有什麼相關？甲午戰爭，清帝國歷經四十年改革開放「自強運動」的成果，證明全都是泡沫。

一八九五年，伊藤博文在馬關的春帆樓裡，逼迫年逾古稀的李鴻章簽下屈辱至極的割地賠款條約，臺灣也就在這一刻，與清帝國徹底的分割開來。

漳州泉州客家，一起「淪為」天皇子民了

日本其實來占領臺灣是有其多重考量，除了地理位置無比重要外，作為明治維新之後，第一個拿下的殖民地，帝國上下都一個共同的目標：透過經營臺灣，讓自己跟西方的那些強權平起平坐，從此之後躋身大國之列。

可以看到日本的方向明確後，進步得既有節奏而且順利。一九〇二年的《英日同盟》簽訂，更是透過海權的交互幫助，抑制歐亞大陸上的極權政府擴展、威脅。一九一九年巴黎和會❷上，更是跟英、美、法、義晉級為世界五強，擁有洋面上的航行與擴軍權。

但是，這跟臺灣人仍然沒有太大關係，我們把眼光轉到民眾身上。忽然聽說國家淪亡，自己要變成亡國奴的絕望心情，夾雜著不知道日本人會不會屠殺的恐懼，臺灣人開始有了彼此是命運共同體的感覺，什麼漳州、泉州、客家，現在都要一起「淪為」天皇子民了，還有差別嗎？

當然這種情緒也可能會衍生成殺意，當時臺灣民主國總統唐景崧從自己故鄉調來一支武裝力量，負責捍衛自己人身安全；這支傭兵在知道自己要面對的是連北洋新軍都不敵的日本部隊，還沒上戰場就已經自亂陣腳，他們在臺北盆地沿著淡水河，一路到新竹都在搶掠，進行他們的末日狂歡。

臺灣的住民感受到的不只是日本的壓力，連這批「同文同種」的原鄉人都在搗亂，於是他們也起身反抗，甚至在今天中壢後火車站、新竹新埔一帶都爆發了令人唏噓的屠殺。自己人殺自己人的悲劇，在日軍還沒進城前就已經為臺灣前途裹上一層厚厚的陰霾。

這也就是為什麼在臺北，會有富商巨賈齊聚大稻埕商討，是否要引日本軍隊進城的緣故，再放任所謂大陸來的「自己人」監守自盜下去也不是辦法。於是就有辜顯榮前往澳底，與樺山資紀交涉的一幕。

乙未戰爭：在大義面前臺灣人沒有畏懼

一八九五年這年，日本即將入主，臺灣人在三峽、竹苗丘陵、八卦山、雲林鐵國山進行前仆後繼地反抗，即使武器遠不如皇軍、即使也都知道自己的抵抗猶如飛蛾撲火，但是捍衛家鄉的心，與幾百年來曾經倒下的人們一樣，祖祖輩輩在這裡開墾、戰鬥。

早在踏上黑水溝前往未知世界的那一刻開始，就已經置生死於度外了，連死都不怕，還有什麼可懼？可以從史冊上看到客家起義代表吳湯興、姜紹祖，以及更多在這場戰爭裡犧牲的先民，或許還有在其他戰爭下沒入義塚的無名英雄，在大義面前他們沒有畏懼。

最後日軍由乃木希典在南臺兵分兩路，夾擊當時最為繁榮的臺南府城，進而迫使臺灣民主國當時實際的最高掌權者劉永福出逃。

傳教士巴克禮出面與日方交涉，後來達成了無血入城的協議，日軍沒有再多開一槍，和平地為這場乙未戰爭（一八九五年）劃下句點。「犧牲會帶來力量」，此後在漫長的五十年異族統治史裡，臺灣人還將以不同方式，向所有逼迫我們低頭、試圖文化刨根的人們大聲地說：「我們從來都沒有放棄。」

❶清法戰爭：一八八三～一八八五年，清朝與法國因越南問題引起的戰爭。

❷巴黎和會：第一次世界大戰結束，勝利的協約國集團為了解決戰爭造成的問題及戰後和平而召開。

臺灣民主國最高掌權者
劉永福在日軍夾擊下狼狽出逃。

歷史情境對話站

1. 外來政權一定是惡的存在嗎？是否有外來政權讓人民過得更好的案例？
2. 本土政權是否一定就會比起外來者更懂得治理內政？
3. 臺灣民主國距離成為一個真正的民主國家，還有什麼條件上的缺失？

延伸關鍵字 想知道更多，請搜尋——

#李鴻章 #吳湯興 #姜紹祖 #臺灣民主國 #劉永福

國民政府遷臺後，
蔣介石準備一系列計劃
欲「反攻大陸」。
國軍和共軍於金、馬
與中國東南沿岸交火多次的
八二三炮戰。
THE TAIWAN MINPAO
臺灣民報
臺灣文化協會以《臺灣民報》
激發起臺人的愛國意識，並由
林獻堂擔任《臺灣民報》社長。
八卦山戰役為乙未戰爭中
最大規模的抗日戰爭。

Chapter 3

從帝國偏鄉到國家中央，臺灣政權如何轉大人？

臺灣曾飄揚了七面不同國旗，且統治者都並非島嶼上的住民。到了清朝統治，此處是十足的偏鄉；而在日治時期，則在劇烈內地化與在地化中不斷交替。到了近代民主化過程與國際關係上，更是血淚斑斑……

【11】

臺灣成為了被排擠放逐的邊緣人

歷史小檔案

登場人物

毗舍耶國人、鄭克塽、沈葆楨、劉璈、劉銘傳

發生年代

1127 ～ 1985 年

國際上正發生

- 歐洲：十字軍的號角隨著教皇烏爾班二世的動人演講後，響徹了整片歐洲大陸，一場名義上為了拯救東羅馬帝國的軍事行動至此拉開序幕。
- 南宋：同時金人南下壓迫了宋帝國的存在空間，渡江之後的他們在是否有實力與必要收復北方山河中劇烈拉扯，而臺灣跟南宋似乎此時也出現一段有趣的互動。

福爾摩沙人所建立的各式政權不斷受到外來者挑戰，在臺灣土地上曾飄揚了七面不一樣的國旗（西班牙帝國、荷蘭、明鄭王朝、滿清帝國、臺灣民主國、日本帝國、中華民國），且國家統治者清一色都並非島嶼上的住民。在滿清統治階段，因帝國統治者來自北方，對海洋不熟悉、距離統治核心遙遠等原因，使臺灣不但是「地方」、甚至是「邊陲」。在屢次成為帝國化外之地的過程中，臺灣在劇烈的「內地化」與「在地化」中不斷交替。

臺灣史上有沒有建立過屬於自己的國家？這是一個非常有意思的話題，而且隱藏在歷史的迷霧當中，舉例而言：臺灣為什麼能在十三行文化的時代，走出漫長的石器時期而進入到金屬器時期呢？

當前在十三行遺址當中可以看到很多硬幣、工具都是金屬器的產物，但人類不太可能在技術上毫無任何經驗的依託就原地生出，有沒有可能在此前，臺灣就曾經與周圍其他已經生產出鐵器的部落有過互動呢？

臺灣人攻打過南宋時的福建沿海？

南宋的史書當中曾經記錄，在十二世紀的某一個夜晚，來自琉球、日本諸島以南的一個國家大舉入侵福建沿海，當時的人們只看到一群衣不蔽體、殘暴非常的原始人們，號稱毗舍耶人，這個群體常掠奪（南宋帝國）海濱居民，使得朝廷歲遣戍防之，勞費不貲。

在《宋史》中則將這個國家的地理位置劃分在琉球國旁邊，說是一個與澎湖群島煙火相通的島嶼，官方史書稱之為毗舍耶國，但這裡的人「**語言不通，袒裸盱睢，殆非人類**」。宋孝宗時代，毗舍耶國的酋長豪帥曾經帶數百人忽然進攻泉州的水澳、圍頭等村，並且「肆行殺掠」。

有意思的是這群人「**喜鐵器及匙筯。擲以匙筯則頫拾之，見鐵騎則爭刓其甲。臨敵用標鎗，繫繩十餘丈為操縱，蓋惜其鐵不忍棄也。**」❶

怎麼樣都像是一群缺乏鐵器，而必須要來進行掠奪的部落，其實有很多論文都在探討這個毗舍耶國會不會就是當時的臺灣；如果從這個角度解讀，好像就比較能理解統一日本的豐臣秀吉為什麼會特別寫一封信給予「高山國王」❷、而明將沈有容會把澎湖視作國界線，再過去就不屬於自己，因此允許荷蘭暫撤出澎湖後就不再進行追剿，讓荷蘭可以在臺灣穩住遠東的統治根基。

毗舍耶國究竟存在與否？比較可惜的是臺灣這邊缺乏文字史料的佐證，只能作為一種猜想。有一種說法認為西班牙人來到臺灣北部，見到身形高大的馬賽族可能就是毗舍耶人，或者南部西拉雅舊部落所使用的地名就可能存在類似發音，但莫衷一是。

然而這段只出現在《宋史》裡的記載，卻也可作為一個史前時代的臺灣與大航海前夕的宋帝國產生交集，彷彿時間長河裡一段令人驚豔的變奏曲。

第一次有人跑來臺灣建國

如果臺灣自古以來就已經存在一群居住在島嶼上的南島民族，而先後也出現過類似大肚王國、大龜文王國❸這樣的鬆散政治聯盟，那東寧王國的特色在於其外來性與國際性。

一六六二年當鄭成功滿懷著所謂復國希望來到臺灣時，此地更重要的是能夠繼續供應他的武裝力量足衣足食，所以曾經考慮過如果要擴充農耕區，打下呂宋島也在他桌前的各項方案當中，如果加上他跟日本的友好關係，都快要可以打造出十七世紀的第一島鏈❹外加印太小北約❺了。

日本人對鄭成功的熱愛，光從幕府時代熱銷的小說《國姓爺合戰》就可以看出端倪。當時對於鄭成功復國大業有著狂熱與癡迷的，不只是他手下這幫官兵，自認為繼承了華夏文明的日本，也有很多潛在的鄭粉。

在這個虛構的故事裡，鄭成功聯合了投降滿清後感到反悔的吳三桂，雙方決定發動北伐，最後成功將女真人趕回滿洲，並且斬下酋首順治皇帝的頭顱，高掛在北京城頭。說有多魔幻就有多魔幻，屬於月光寶盒式時空穿越的想像。但要說完全虛構也不見得，假如退守臺灣前的鄭成功與發動三藩之亂時的吳三桂真的能夠彼此結盟，或許故事真的會走向另一條夢想線劇情。

但殘酷的現實是，攻下臺灣的鄭成功並沒有得到上天給他太多的時間。在他忙著打理臺島內外，並且為不夠的糧食發愁時，幾個像是五雷轟頂般的消息就從各方傳來。首先是他的帥哥父親、做了一輩子海賊王的鄭芝龍，在北京被夷滅三族。

理由也很簡單，鄭成功既然遠遁臺灣，證明了他已經不會投降，而他的父親之所以一直被軟禁，主要就是要當成勒索鄭成功的談判籌碼，現在只是野蠻征服者一次血腥卻也日常的撕票而已。

一生見證老師失節、父親失節、母親殉節的鄭成功，自然在此刻痛苦萬分，而另一則兒子鄭經與弟弟乳母不正經的醜聞，更是將他逼到了崩潰邊緣。

鄭成功身上一直存在一種極為激進的偏執，在看他統馭兵將、指揮戰爭時都可以看得出來，在一六五九年（永曆十三年）長江之役中，他在包圍南京城作戰之時幾次越過專業建議，硬是在長江上的瓜洲徘徊多日，導致清軍有機會補充兵員、加強城防。

同時也可以感受到他對將士的嚴厲，包括對施琅家族的處置，直接使得這位海軍大將叛變，埋下日後東寧亡國的遠因。也因為這種極端的性格，他才有辦法擋住常人難以承受的痛苦，但同時也加速了他的健康惡化。

在他處決親生嫡子鄭經的命令被拒絕執行後，三十九歲的他終於油盡燈枯，最後空餘反攻之夢。但是，東寧王國的序曲卻隨著這位被稱作錦少，有著各種花邊消息的鄭經到來，正式讓世界聽見。

東寧王國滅亡，臺灣淪為東亞陸權帝國邊陲

東寧王國是一個漢人結合海洋文化的綜合體，在儒家的禮教、漢人的官制與海商的管理模式經營下，他們也積極與海洋國家進行合作，其中包括有意進入到遠東市場的英國、以及北方傳統友邦日本。

這使得東寧王國這個剛失去巨人領導，並且面對東亞最強陸權國家大清、外加西方最強海權資本國家荷蘭夾攻多次的政權，仍然能夠在臺海屹立不搖。可正像是《百年孤寂》給的歷史教訓：一個大家族如果敵人是從外部殺過來，那倒也沒事，必要是他自殺自滅、內部分裂甚至自亂倫理，才會敗得乾乾淨淨。

東寧王國最終會走向盡頭，主要是因為鄭經的決策錯誤——在三藩之亂爆發時捲入了東亞陸權帝國的內戰當中，雖然一度創造攻占惠州、潮州、漳州、泉州的驚人戰果，但從大局上來看，始終未曾脫離東南的閩粵兩省，對統治核心沒有形成任何有效的震懾，反而是因為勞師動眾、內耗過度，使得東寧王國自己元氣大傷。

當然這次的建國是一個挫敗的結局，或許可以歸因在這個政權不但沒有真正意義上形成全島的統治——不只東部與山區難以企及，連在魚米之鄉、肥沃的中部平原上也無法跟

大肚王國合作。更重要的是將自己牽涉進清帝國的內戰，內部權力峰層各有各的算計，經歷過黑暗骯髒的繼位之爭後，投降派壓倒了獨立派，面對曾經的叛將施琅，鄭家集團決定選擇豎起白旗。

一六八三年之後，臺灣正式淪為東亞陸權帝國的邊陲。

帝國邊陲的歲月

在兩個世紀的清帝國統治期間，很難直接用消極兩個字來形容當政者的心態，因為客觀來說，人口數與經濟效益都不足以建省的臺灣，實在很難讓北京的決策者放更多資源在管理上。

當站在華北視角俯視整個帝國的時候，東北、滿蒙交界的重要性遠遠大於海角一隅；而西南地區的羈縻政策❻與海島上的鬆散管理，也一切都只是成本利益分析之後的「理智方案」。

這種缺乏系統性的混日子，導致被派到臺灣的官員很多都帶有大學生的心態——反正會畢業、反正一動不如一靜、反正大家都這樣、反正有人會負責，加上海禁政策、班兵制度、三年輪調等主觀條件影響，臺灣整體行政體系就出現散漫的狀態。

當然我們也不能否認個別優秀的官員，例如在臺南府城這個當時最為繁華的臺灣都會前後管理的「三蔣」：蔣毓英、蔣元樞跟蔣允焄[7]，但系統性的問題很難靠個人意志來改變，除非他也擁有絕對的權力。

這也導致雖然三蔣很努力在建設，甚至在整個府城做了那個年代的城市規劃，但是因為底下官員的結構問題、還有鹿耳門港的逐漸淤積，這使得他們的貢獻變成了臺灣人眼中的「蔣公子敗地理」，連修建了七寺八廟都成了為破壞當地風水、避免臺南出天子的劣行。在一個惡劣的環境裡，想做個好人還真是不容易。我們必須得為蔣元樞公子說一句話，他當年做的事真的很認真啊！他為了修復府城內的諸多廟宇建築，連自己的薪水都花下去了。

如果可以理解官方力量的內部問題，就更能明白為什麼臺灣在這一階段真正能夠處理糾紛、扮演公正角色的場域不是縣府，而是廟埕。

政府失能而出現的清代KOL們

在這裡透過村里的頭人、有影響力的清代KOL們來進行調解，這也是東亞帝國到明清兩代的地方特色——透過宗族力量，來扮演皇帝在民間的代言人，進行皇權的延伸；這些人不一定懂律令，只是透過他們讀過四書五經，用儒家的意識形態來甄別是非對錯，這也難怪臺灣現代還是存在情理法分不清楚的遠因。而更糟糕的是，即使這種斷案方式已經夠野蠻、原始，這也是在臺灣進入到道光朝（一八二〇年後）以後才比較普遍的狀況。

在更早的康熙、雍正、乾隆時代，如若民間產生衝突與糾紛，往往直接訴諸拳頭與暴力解決，這也就說明了為什麼當時械鬥如此頻繁，從表面理解是因為族群糾紛，實則是一次次因為政府失能而出現的資源保衛戰。

而這種內耗站在朝廷的角度來看，也不純粹是惡劣的影響，只要不發展反對政府的民變，那移民之間的衝突更是中央力量可以介入的破口。

甚至發生了民變也可以透過移民內部的矛盾，將它逐一分化，最後再給予站在政府立場一邊的義民們胡蘿蔔、給予叛逆者棍棒，如此一來社會矛盾與政府失能問題，就可再次船過水無痕。

清官壞官，只要對臺灣有貢獻就是好官

不過在臺灣被邊緣化的同時，在這片土地上仍有許多熱血的建國故事，姑且不論在南方由各大部落組成的斯卡羅體系，始終能與清帝國之間相互維持恐怖平衡外，也曾經有福建沿海地區的海賊來到臺灣建立自己國度，而且一度讓清朝皇帝嘉慶頭疼不已。

在整個清治中後期還有像姚瑩、劉明燈[8]這樣頗有建樹的官吏，但是要有根本的改變還是要到沈葆楨、丁日昌、劉銘傳[9]時代。

當然，我們也不能一刀切地樂觀認為從此之後臺灣過上快樂的日子，畢竟北京內的黨爭也會延伸到當時帝國的各個角落，臺灣也成為了李鴻章與左宗棠鬥爭的焦點，劉璈跟劉銘傳兩個人雖然在這塊土地上各有政績，但彼此卻因為上頭的老闆而不得不被捲入這場代理人戰爭裡。

隨著清、法兩國爭奪越南宗主權的衝突越來越激烈，臺灣也被捲入了戰火中，而雙劉之爭卻沒有隨著遇到外敵而暫歇，反而更加白熱化。最後劉璈超慘，因為左宗棠的離世，沒有靠山的他最後被鬥倒，被判決流放烏龍江。但臺灣在清法戰爭結束後，卻也終於徹底得到朝廷重視，這裡在經過整整兩百年的時光後，第一次成為了帝國的省[10]。

我們必須得明確地認知到，臺灣在這個階段裡，國家力量也需要有地方世家大族進行輔助，才有辦法維持秩序。而臺灣的地方豪族大多出自於投資成功的富戶、開墾地方有成績的大族。舉例而言像是透過稻米種植，在整個大漢溪流域打造出米倉王國的林平侯家族，就是因為林爽文事變之後，穀價大幅上揚而加速致富的速度。隨後國家力量要開始進行對山區開拓，這時候也非常仰仗具有人力、物力以及武力的地方世家。

臺中霧峰林家能夠更進一步崛起，就與林朝棟能夠跟開山撫番時的策略相輔相成，提供武裝部隊配合劉銘傳進到山區。可是，歷史並沒有留給帝國太多時間進行更大規模的現代化，因為緊接著，甲午戰爭打響了。

日本人來了，我們的地位怎麼辦？

異族來了！這是當時臺灣人最大的恐懼，沒有做好任何心理準備，忽然就發現自己的政府變了。

這個可怕就在於你不曉得自己的房產、土地契約、財產會不會被忽然出現的新統治者搶走，更不用說人身性命跟妻兒老小能不能在戰火中保命，反正皇帝忽然有一天就說你們被送人了。用一個長輩時代會有的概念來講：就是忽然要被送去當童養媳了，而且完全無法預測對方會不會對自己暴虐對待。

要說這種恐懼來源，全部都只來自於日本這個外來政權，也不太公平。因為臺灣當時內部也有許多反對政府的力量，或說因為鬆散的執政力量導致地方坐大，這種地方極具影響力的頭人們，會不會在這個權力過渡的時候，對地方進行更大規模的掠奪、剝削或者打壓？地方世家大族也要開始思考未來該怎麼進行互動。還有另外一些原本脫離中央控制的武裝力量也在醞釀。

兩階段抗日芭比Q⑪了！武力對抗的無效犧牲

這時候就進入臺灣史上所謂第一階段抗日，大抵以乙未戰爭（一八九五年）時對抗樺山資紀、乃木希典的正規部隊之八卦山戰役為主。第二階段抗日則是以三猛如簡大獅、柯鐵虎跟林少貓為代表，但持平而論，比起捍衛家園的姜紹祖等人，簡、柯、林則相對比較複雜，以至於現在地方上仍然對他們評價褒貶不一。

簡大獅因占據著草山上幾個重要據點，並針對三芝、金山、萬里等地進行劫掠，因此遭到日本鎮壓，能否將其行為視作因為民族大義而起兵抵抗，實在比較有爭議。他的人生結局更能充分表現這一點，其實簡大獅在日本的掃蕩過程裡是順利逃脫的，他搭著渡輪來到福建，並且向清政府講述自己的愛國情操與抗日的精神。但是清帝國官方明顯選擇不採信，最後再把他送回臺灣，交給日本審判。

柯鐵虎的案例則更加複雜，當年在日軍南下時，亟欲想要保護鄉里的一群人們雄踞雲林的險要地形，聚集了一群義勇軍之後，在八卦山之戰後日本基本以為已經蕩平亂事的時候，忽然以簡義為首的人們攻進了雲林、嘉義，並

八卦山戰役：為第一階段抗日的乙未戰爭中，由臺灣民軍對抗樺山資紀、乃木希典的正規部隊之大規模戰役。

且跟日本打得有來有回。

但後來日軍加派戰力，把這群沒有經過訓練的兵勇再次打回山區，並採取懷柔政策，以辜顯榮等人來進行招降，成功說服簡義下山歸附。但是在山上的人們並沒有放棄，甚至以年紀二十出頭的柯鐵作為領袖，於一八九六年成立鐵國山、號為大總統。這個「國家」存在時長，跟有明星陣容唐景崧、丘逢甲、劉永福「加盟」的臺灣民主國（一八九五年宣布建國）一樣，都是整整六個月。

後來在柯鐵也實在打不下去，這跟日本的殘酷屠殺政策也有關，由於在嘉義、雲林的失利，讓總督府做出「雲林無良民」的判斷，進而對附近多個區塊進行大規模的「清鄉」。這實在是專制政府對付反抗勢力最為釜底抽薪的作法，過程當中至少被害六千餘人，這嚴重打擊了鐵國山的力量。

此後日本又剿撫並用，最終把鐵國山這個政權徹底瓦解。值得注意的是在這一事件之後，最早投降的簡義被其他抗日志士刺殺，柯鐵則是不久之後英年早逝，其餘投降者則在一九〇二年的受降儀式上被機關槍掃射，史稱歸順會場事變。

當然這些血跡斑斑的消息也一樣會傳遞到全臺，看來用武力對抗外來者，是一件無效而且得不到外援的白白犧牲。必須得改變做法了！

❶ 出自《宋史》，白話文為：「喜愛鐵製的工具，對他們扔金屬筷子會被撿走、對上騎兵會搶奪他們盔甲，遇到敵人會使用金屬標槍，並綁在十幾丈長的細繩上投擲，因為捨不得使用一次就丟棄。」

❷ 一五九三年，豐臣秀吉將史稱《豐臣秀吉高山國招諭文書》的文書交付給原田孫七郎，同時賦予重要任務：要使高山國臣服日本統治。

❸ 大龜文王國：為史前時期排灣族建立的一個酋邦。

❹ 第一島鏈：The First Island Chain，即從北太平洋千島群島開始，向南經日本、臺灣、菲律賓到加里曼丹島等在西太平洋的島嶼。

❺ 印太小北約：是指把日本、南韓、澳洲、紐西蘭和印度結盟起來（或加上以色列）。但不像北約是實體組織，小北約是概念性的存在。

❻ 羈縻政策：名義上從屬朝廷，實際由當地原住民首領自行統治。

❼ 三蔣：指蔣毓英、蔣元樞跟蔣允焄，皆曾任臺灣知府。

❽ 姚瑩：一八三八年（道光十八年）任按察使銜分巡臺灣兵備道。劉明燈：一八六六年（同治五年）任臺灣總兵。

❾ 沈葆楨：一八七四年（同治十三年）擔任臺灣海防欽差大臣。丁日昌：一八七七年（光緒三年）兼任臺灣學正。劉銘傳：一八八四年（光緒十年）擔任巡撫銜督辦臺灣軍務。

❿ 臺灣於一八八七年（光緒十三年）從臺灣縣改制成行省。

⓫ 芭比Q：從英文BBQ一詞衍生，原意為燒烤，後來則延伸出被火烤、完蛋了之意。

歷史情境對話站

1. 過往臺灣曾經爭論過，究竟在清朝統治期間，臺灣是越來越內地化，還是開始在地化，你有什麼看法？
2. 甲午海戰如果日本要求割讓的不是臺灣，在清帝國持續統治之下，臺灣會成為第二個中國嗎？
3. 日本統治臺灣是否具合法性？

延伸關鍵字 想知道更多，請搜尋——

#蔡牽 #林朝棟 #毗舍耶人 #《國姓爺合戰》 #樺山資紀 #乃木希典

【12】

臺灣花了超過一世紀，終於將民主追到手

歷史小檔案

登場人物

林獻堂、蔣渭水、蔡培火、蔣介石、艾森豪

發生年代

1895～1996 年

國際上正發生

- **歐亞大陸**：一戰到二戰期間是人類最困頓的戰間期，無論是哲學、文化、價值觀，都在浩劫後重組的階段，因經濟危機及民主制度的脆弱，許多獨裁者在此時找到機會，建構一套不是帝國卻控制得比帝國更加嚴密的獨裁機制；歐亞大陸上從日本海到大西洋之間幾乎都是由法西斯、專制獨裁國統治。英、美代表的憲法、民主國體制受到嚴峻挑戰。
- **英國**：也因一戰的慘烈讓歐洲各國畏懼戰爭爆發，對獨裁國家無限制寬容對待，最具代表性的就是英國首相張伯倫的「綏靖主義」❶。然而從後世來看，放縱換到的絕不是和平。

臺灣的民主不來自於任何人的施捨、更不會是上天賜予，在戰火當中、犧牲與流血的痛苦後，歷經長達一百年的時間，在時間長河裡，無數械鬥、民變、鎮壓循環往替後；在臺灣文化協會集合眾人智慧、在白色恐怖時代掙扎，終於臺灣島上的人們結束了飄零，找到一個名為自由、民主的港口停泊。

在進入這個篇章之前，必須明確地認知到，在清朝統治時期，每一個來到臺灣的人幾乎對這塊土地沒有深刻的認同感，仍然保留在我是漳州人、泉州人、福州人、潮州人的原鄉認同，沒有人認為自己是「臺灣人」。

我們往往是遇到一個外來的大事件後，才會改變一個地方對自身的認同，又或是政治意識上的轉變。割臺自然是一件非常受傷的歷史記憶，但同時它也是形塑一群傷者自我療癒、並且人格更為健全的重要過程。

另外，在認定日本的外來性時，也必須認知到他對我們統治的合法性。根據當時的國際法條，清朝與日本是經過了戰爭，以簽訂條約的方式將臺灣割讓出去，所以日本統治臺灣有法源根據，這也是我會在教學上使用日「治」取代非法占領的日「據」用詞。

起義跟傳銷一樣：都是靠話術

臺灣人或許也已經慢慢發現，論法比起過去在情理之間拉扯，更是新時代到來後被迫要習慣的新局面。如此一來，沒有辦法掌握新知識、透過法律、輿論、政治等手段的抗日，往往都會裹上一層厚重的拐騙色彩。

像是一九〇七年發生在新竹北埔的蔡清琳事件，蔡清琳當時為了要對抗日本政府，欺騙賽夏族部落自己得到密報，大清將會派兵前來幫助，說服族人與漢人聯手發動對日本警局的偷襲。結果除了自己失敗以外，也害得賽夏族淪為日本政府清剿的對象。

一九一五年發生在玉井的動盪，又稱為西來庵事件，也有類似之處，一個當過警察、卻涉及詐騙，又轉職保險業務員的青年余清芳，利用臺南當地對王爺的宗教信仰，號召人民成立大明慈悲國，對外宣稱自己是受天命要來拯救大家的，還表示袁世凱也已經受到他的感召，允諾帶領軍隊來臺幫忙。

或許這種最能接觸到底層的人，特別理解用什麼話術可以煽動百姓吧？當時在甲仙起事時非常順手，這也讓余清芳更進一步希望能占領南化，同時延伸到臺南府城，如此便能接上臺灣海峽，並讓他與袁世凱接連上。在他攻打南化派出所時，因為聽信了軍師江定的建議，以汽油加上大火破壞派出所，燒死許多無辜的人民。

當時有一對姊弟幸運逃出，弟弟即是阪井德章，他就是後來在一九四七年的二二八事件中，為了保護臺南學生不被國民政府逮捕，把名單壓在自己身上，最終不惜被打斷三根肋骨、被國民政府判予死刑；如今他的銅像矗立在今日臺灣文學館前方的湯德章。

為了自由，戰鬥吧，臺灣人！

相較於民間的一些既害人也害己的無效反抗，臺灣的知識階級正在進行更為深徹的思想戰。

一九一四年日本伯爵板垣退助的來訪：板垣退助當時與臺中霧峰林家大家長林獻堂關係密切，同時認識知識分子蔡培火，於是三人便希望對臺灣進行同化；板垣退助的同化，目的是希望臺灣人可以受到與日本內地相同的對待。

其終極目標則是連手中國，以中國強大的陸軍，搭配日本強大的海軍，來對西方帝國主義的入侵進行反制。板垣退助思想非常超前，他在一九〇〇年代就認為東方人（或說黃種人）應該要團結在一起，因為我們最大的對手是白種人；若白種人永遠認為我們是在達爾文主義下最低層、未開化的一群，那我們就更應該團結在一起。

這種大有以西方民族主義團結東方人的思想，很有以魔法對抗魔法的概念。板垣退助的同化會在臺灣掀起了很大的反響，大量的學生、菁英、知識分子都認為這的確是一條很不錯的道路。在臺灣的知識階級徹底成為覺醒一代的同時，日本在臺經過將近十年的摸索，也逐漸走出了無方針主義，迷路十年是也該找到家了。

最大型社會實驗上線啦！日本總督們在臺等你喔

回望這段無方針主義時代，可以觀察到日本總督除了執行屠殺以外，就是把清代土牛溝的概念發揮到極致：分區進行管理，或是乾脆無心在臺政務。

例如一八九六年上任的第二任臺灣總督桂太郎，曾主持日英協定的外交大臣，讓日本簽訂了近代史第一個平等條約，並且拉攏了當時最強大的殖民國家英國，讓日本在一戰後地位大幅提升。巴黎和會上，日本扮演世界五強之一的角色，這大都歸功於桂太郎；然而桂太郎在臺執政並不上心。

第三任繼任者乃木希典，在日俄戰爭中是個大英雄，雖其戰術並不高招，最終他在奉天戰役中打敗俄羅斯，成為日本史上有軍神一般的地位存在。

但他在統治臺灣任內卻將臺灣搞得一團糟，使用「三段準備」法。將極危險的地區交給軍人跟憲兵管理，次危險的地區交給憲兵管理，不危險的地區則交給警察。但這三者間職權不明、規範不清，造成統治上的困難，乃木希典甚至還向日本提議將臺灣賣給法國。

一直到一八九八年後藤新平上任民政長官，以生物學的方法觀察臺灣生態，得出許多如何統治臺灣的結論，成為日後日本統治臺灣的大體方針；然而在高度評價後藤新平的同時，也別忘了他是一個外來統治者，臺灣總督府對於同化政策仍然採取保守態度，一九一五年便封禁了同化會運動。

此時日本內地發生的政治局勢，也會牽動著臺灣社會的變動，在進入原敬內閣時代（一九一八到一九二一年）後，比明治維新以後的幾任首相，他都主導了一個願意接受不同聲音的政府。

再加上經濟上的成長、國際地位的提昇、軍隊實力的強大、傳統遠東地緣政治上的對手更加脆弱，日本的確有了更多客觀條件可以更加開放，這就是大正民主時期。

爭取比照日本，那臺灣的特殊性呢？

但在主旋律如此動聽的表象下，也有一些潛在的問題，隨著帝國擴張而爆發。例如被日本新占領的韓國就沒有這麼平安，韓國反抗意識非常強烈，前首相伊藤博文更是在韓國被刺殺，隨之而來的三一運動❷，讓日本人有了一個體悟：如果對於殖民地過於嚴苛，可能引發較大的反作用力，所以對臺灣的統治政策似乎也必須要更開放。

特別是在第一次世界大戰結束後，美國威爾遜總統提出民族自決，讓臺灣新一代更發現自己與日本人的不同。

這使得一九一八年臺灣民主自由運動捲土重來，發起《六三法》撤廢運動，社會開始呼籲必須撤銷《六三法》❸，讓帝國憲法可以保障臺人的權力，使得支持臺灣與日本內地一體化的聲音出現，例如新民會❹，後續又進一步發展為議會設置請願運動。

但看到這裡大家有沒有忽然覺得怪怪的，因為臺灣人希望有更大的權利與自由，所以要求殖民地應該比照日本本土，可是一旦這麼做之後，再過個兩代人，臺灣島嶼上的每一個人就幾乎都被深植日本認同意識了，那臺灣的特殊性不就徹底被抹殺了嗎！

帶動臺灣年輕覺醒，成立議會自治卻失敗

當時家族與板橋林家有著很深厚淵源的林呈祿❺就發現，若真的將《六三法》廢除，短期來看可以讓臺灣獲得更大的自由空間，長期來看臺灣將與日本一體化，不利臺灣與日本切割。

所以他想到的折衷之道是提議日本政府在臺灣成立議會，進行完全自治；如果可以選出屬於在地的議員，他們能夠反映臺灣民間的意見，制定符合臺灣風土民情的法律，就能夠同時讓臺灣人獲得國民的待遇，但同時卻擁有跟日本大相徑庭的立法機構。

這個一石二鳥的提議經過林獻堂、蔡培火等人的同意，開始讓臺灣年輕覺醒帶動起來，並對日本進行請願。

但是，這個運動最終失敗了。而且還不用等到日本政府駁回，臺灣內部就已經無法形成共識，甚至還來自同樣是「進步派」的ＫＯＬ，他們反對的原因大致上分成三種，並由不同身分階級的重要人物分別提出。

◆ 第一種：知識分子

林獻堂的堂哥林烈堂認為成立議會的時間過早，臺灣人識字率不高、對公民意識跟法律常識都不熟悉，真正舉辦選舉、找出民意代表後，靠著這群人能真的讓社會變好嗎？

◆ 第二種：政府官員

在林家成立華南銀行過程中出力甚多、後來位列日本貴族院的議員許丙則認為，你要舉行一場社會運動前，必須先找到能仿效的模板，至少在那個時代放眼全球，一個國家有一個議會都已經很難得了，何況是兩個議會？這並無先例。

◆ 第三種：地方豪紳

最後則是在日本統治時代極具影響力的辜顯榮，他能代表的是許多北部仕紳階級的想法，在仕紳們希望臺灣能平穩向前的大目標下，看見這群年輕人不好好營生，只想要用這些沒用的口號來製造動亂，因此將之視為妨礙時代進步的存在。

有沒有覺得這些觀點都超級具有既視感，年輕人充滿熱情與理想但不一定有用，老人雖然講話難聽，可是都有道理。

日本擔心這把火會自東京延燒到臺灣，開始以治安法為由，認為這群少年打亂社會穩定，便要求將這些年輕人抓起來；然而這舉動造就了更多的英雄，當時東京大學法學家、《大阪每日新聞》都曾撰文抨擊總督府。臺灣人開始思考如何擴大同溫層，用文化柔性的方式，爭取更大公約數的出現。

還是要有關鍵人物在臨門一腳的時刻做點什麼，才有辦法把這個僵局往前推，臺灣第一位飛行員謝文達❻就扮演了這角色。他從日本受訓、在美國觀賞完空軍表演之後歸國，這樣一個讓人眼睛為之一亮的明星，讓臺灣年輕一代在他身上看見希望。

臺灣文化協會的創立

只要我們努力，連天空都可以飛得上去，這讓許多具有理想性的人們在大學內開始進行串聯，推動理想也擴大同溫層。

而這群人的主幹則是臺大醫學院的學生，從初步階段計劃的成立臺灣青年會，到後來在一位極有代表性的成員蔣渭水推動下，則出現了後來影響歷史深遠的「臺灣文化協會」。蔣渭水所提倡的概念就是：「不做便罷，要做就大」，如果要從根本解決臺灣人在政治上的弱勢，只有將臺灣文化、近代科學的理念灌輸到全島各個角落，有理想與實踐的方向，這是巨大工程的第一步。

臺灣文化協會的兩大堅持分別是：希望建立民主主義的架構，不該忘本；另一點則是，協會成員不要過度參與政治運動，以免讓大眾產生誤解。其實這些問題跟路線的選擇，也很像現在所有想要改變世界的人們所遇到的，到底初衷是什麼？到底政治要不要碰？界線又在哪？

臺灣文化協會其實做的很多事情，都是遊走在論政與公共知識科普的界線上，例如成立讀報社、成立課堂來講述歷史。

為了激發臺人民族意識，臺灣文協推動社會運動，在所不辭！
THE TAIWAN MINPAO
臺灣民報
臺灣民報
《臺灣民報》的宗旨為「啟發我島的文化，振起同胞的元氣」，後由林獻堂擔任報社社長。

但這些工作背後負責的名單如果列出來都相當驚人：講述西洋史的是林茂生——他是臺灣史上第一位留美、並獲得哥倫比亞博士學位的知識分子。

講述臺灣史的則是連雅堂——書寫《臺灣通史》，以傳統史家的論史方式記錄臺灣四百多年故事的作家。另外蔣渭水則是負責宣導公共衛生——在一個疫情期間顯得特別重要的一環。還有哥倫比亞大學畢業的陳炘負責經濟學素養。

夠星光燦爛吧！而霧峰林家出身的林獻堂則負責一個更重要的責任，落實：「有錢出錢，有力出力」的原則，大方地擔任各路英雄的提款機，甚至把自家宅院作為舉辦夏令營的地點。

而且為了拓展影響力，他們更是嘗試各種深入民間的作法：到各大鄉鎮演講、在任何野臺演戲、甚至在過程裡諷刺時政、或者柔性一點的播放電影。

我們當中出現了叛徒

而這群青年開始出現轉變，是以一九二三年由翁澤生所提倡的新觀念為轉捩點，他是一個中國意識特別濃厚的青年，多次在演講中強調「臺灣人是漢民族」、「臺灣人就該說漢語」等主張，再逐步追求同化、並且與日本既合作又競爭的氛圍中，這樣的看法先是引起騷亂、後來加深跟日本當局的衝突。他自己也在臺灣成立臺北青年會——類似是文化協會的會中會，主張應該解構整個社會，讓大家一律平等。

大家應該聽到這裡已經隱約聞到一股馬味❼了，這種以烏托邦思想吸引青年，並且對社會進行暴力破壞，不就是共產黨的做法嗎？後來也真的就是這樣發展，五年之後翁澤生與謝雪紅跑到上海，於一九二八年一起成立了臺灣共產黨。

臺灣歷史發展不可迴避的一個大脈絡，就是每當時代在往前推進的過程裡，總是避免不了人群各自走向下一個極端。

左派？右派？進步總是伴隨著分裂

這裡我要一改前面詠嘆調，來講這個社會進步的過程；一九二〇年代是個全球都特別徬徨的時刻，戰爭剛結束，民主發展跟經濟自由表面上是無庸置疑的全民目標。為了根本性地解決人類社會組織越來越大而伴隨的「社會肥大症候群」，許多哲學家、政治家、思想家都在找藥方，在這個階段裡社會主義與共產主義無疑是非常吸引人的。

具體而言，在一個貴族與新興資本家壟斷的社會裡，身為一個面對高房價、低薪資、工時過長、無時不被剝削，而且看不到痛苦盡頭的人們，誰會不希望這個世界能夠往「公平」的一端邁進？

可是更具體地要來描述公平，這裡頭就大有文章需要各路名家來翻譯翻譯了。

如果很簡單地歸納出，對於社會現狀不滿、因而希望改變者為左派，認為社會雖有不足但必須更緩和地找尋方法，就能夠歸類為右派。

其實雙方可能是有共同目標的，一如搭乘捷運手扶梯時的人群，方向都是一致，但左派可能因為趕時間或者比較焦急、右派則是好整以暇地靜待。

聽起來左派是比較具有行動力，而右派好像很消極，但無論你採取任何行動都勢必會帶來犧牲。具體放在一九二〇年的世界就更是鮮明，選擇了共產黨暴力革命的蘇聯，正在一場劇烈的「衛國戰爭」[8]當中，不但是面對西方各種干預勢力的影響，國內也是一片殺聲震天。

他們希望透過理性來構築烏托邦的同時，也伴隨著殺戮與鎮壓。相較之下同期的英國、法國、美國則是在市場機制下慢慢發展。

「進步派」開始出現截然不同的價值觀

一切按照這條邏輯發展下去，西方所堅持的右派路線應當成為社會主流才對，為什麼中間又出現轉折？

這是因為到了一九二九年，發生了以華爾街為首的泡沫經濟，導致長達數年的經濟大恐慌，雪崩的股價與對市場的全面失去信心，右派所堅持的價值被嚴重的衝擊，進而影響一代人的思考方式。

臺灣雖然不是這個人類歷史轉捩點上的主導者，但同樣是這段重要發展過程的見證者，這也就使得臺灣的「進步派」開始出現截然不同的價值觀。

在蘇聯大肅反搞恐怖的清洗，與中共建國後出現三面紅旗、文化大革命甚至是天安門事件前，信仰共產黨幾乎是青年人時尚的標章：打破經濟的高牆，社會階級的固化，這是代代人在年少時都有的期待。

特別是在反對殖民政府、或說為了爭取更多人權的文化協會裡，這更是一股無可忽視的力量。在「啟迪民智」、「改變臺灣人認知」這兩個大信念之下，其實每個人對過程中具體做法是存在完全不同想像的。

像是以連溫卿為首、受到日本社會主義山川均影響甚深，以至於幾乎成為日本共產黨信徒的左派，就在協會當中擁有不可忽略的力量。

他們就覺得協會如果繼續舉辦藝文活動、推廣讀報看電影，這種做法既不貼近民意也沒有實際解決任何問題。

於是他們主張應該多與工人、農民進行合作，在各地的抗爭活動當中，成為被迫害者堅定的後盾。

但是站在林獻堂等人的角度來看，則認為你如果不能與世俗政治保持一定距離，被貼上標籤或者參與過多示威運動，也會讓協會的超然性徹底喪失，一定程度上成為最激進的共產黨側翼。

文人最愛搞小團體：改革者右派陣營撕破臉

這樣的矛盾終於最後在一九二七年爆發，林獻堂、蔣渭水等人決議離開文化協會，並且成立臺灣民眾黨；而文化協會則徹底走向跟「臺灣農民組合」合作、甚至成立「臺北機械公會」來與左派團體緊密互動。而且當時他們的影響力與規模，並沒有隨著分裂而稍減，反倒是受眾隨著他們一次比一次極端的言論、被日本警察檢舉的頻率而屢創新高。

或許是受到這股思潮的影響，蔣渭水在臺灣民眾黨也覺得應該要能夠回應社會各界的期待，必須要有跟工人互相理解的管道。因此一九二八年，他在黨內成立了「臺灣工友總聯盟」，並且在大稻埕的蓬萊閣舉辦創立大會時，以「同胞須團結、團結真有力」為口號，一時之間規模大幅提升，極盛時期在全臺有萬人響應、總共六十五個加盟團體，為提升工人福利、降低工作時間，到處進行聲援與呼籲。

可是這看在蔡培火、林獻堂等人眼中無疑是危險的；最初大家會離開文化協會的主因，就是想要與農運、工運保持距離，怎麼會你蔣渭水現在所做的事情也是在搶這塊市場？莫非你也想成為連溫卿第二？

所以民眾黨在成立不到三年後，創黨元老蔡培火、林獻堂出走，另組「臺灣地方自治聯盟」。這個相較之下保守的右翼團體，被許多左派毫不留情地批判，文協主編的報紙認為他們是一群「騙賊」，與辜顯榮的親日團體別無二致，甚至更為可惡，「理應碎屍萬段」。原本友好的民眾黨也開除了黨內任何同時擁有協會身分的成員，可說此刻的改革者右派陣營也是徹底撕破臉了。

有理想卻手段各不同，進步的夢一場空

然而臺灣地方自治協會的堅持，一直到了五年後有了戲劇性的突破。由於戰爭的節奏步步緊逼，所有左派團體幾乎遭到取締鎮壓，而協會的溫和立場使其成為日本可以接受的政治團體，這也就有了臺灣第一次的民選舉辦——市會及街庄協會議員選舉，此役當中協會成員大有斬獲。

相較之下，左派團體雖然規模益發巨大，但鬥爭的本質也使得他們不斷地進行權力更迭。連溫卿後來因為自身立場也不夠左，在一九二八年被開除，文協從此徹底淪為臺灣共產黨的發聲筒，而日本政府也加大對他們取締的程度，最終使得滲入其中的中國共產黨員

回到上海。綜觀這一輪的左右之爭，以及最後大家一起隨著皇民化運動展開後，陷入萬籟俱寂的狀況。可以感受到為何蔣渭水直至臨終，仍然是這麼語重心長地把當初在工友總聯盟創立時所提的口號作為遺言。有理想卻因手段各有不同的狀況下，一輪進步的夢最終仍是一場空。

總督府警察局長本山文平，早在一九二七年時就已經有了這樣的判斷：「就破壞文化協會之手段而言，如採取由外施壓之法，反將從其內部固團結，寧可使其會內釀成內訌，而使自然歸於潰裂，乃為良策。依此逐步講求策略之結果，幸得見其釀成機運，即總會上關於會則變更以至兩者完全分離，極端反目，是故將來應以如左之對策臨之，總督府各州廳共同戮力於文化協會之破壞。」

開上帝視角的我們都知道，這次是本山文平的勝利。而令人不寒而慄的是，他的策略其實放到臺灣社會的任何時空背景下，仍然還是會成功，臺灣人還是會因為自己的內鬥而潰裂。可是這次的大分裂，卻又為下一場悲劇埋下了種子。

臺灣文化協會分裂過程

臺灣文化協會

創立年分：1921 年

重要主導人：林獻堂、蔣渭水、蔡培火、連溫卿

左派

臺北機械工會

創立年分：1927 年

主導人：連溫卿

右派

臺灣民眾黨

創立年分：1927 年

主導人：林獻堂、蔣渭水、蔡培火

臺灣工友總聯盟

創立年分：1928 年

主導人：蔣渭水

臺灣地方自治聯盟

創立年分：1930 年

主導人：林獻堂、蔡培火

◆ 臺灣文協歷經多次內部分裂，但確實在這十年間，發揮了在文化上啟蒙臺灣，反抗日本殖民教育的作用。

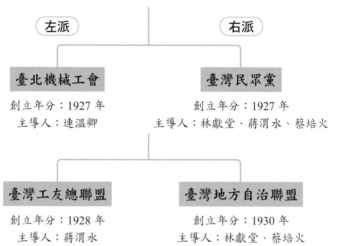

❶綏靖主義：張伯倫主政之下，人民普遍被恐懼戰爭的情緒催化，西歐民主陣營對於納粹法西斯的擴張選擇安撫與姑息。

❷三一運動：為一九一九年發生的朝鮮日占時期的韓國獨立運動，是韓國近現代史規模最大的全民反日救國運動。

❸《六三法》：《臺灣施行法令相關法律》是一八九六年由大日本帝國國會公布的第六十三號法律，簡稱《六三法》。特別賦予臺灣總督律令制定權。臺灣總督府雖受日本政府監督，但集行政、司法、立法三權於一身，甚至一度擁有軍事權。

❹新民會：成立於一九二〇年，是日治時期由在日臺灣留學生的第一個政治運動團體。

❺林呈祿：日治時期臺灣民主自治運動的鼓吹者，曾任《臺灣青年》、《臺灣》、《臺灣民報》、《臺灣新民報》等報章雜誌社幹事，戰後創立東方出版社。

❻謝文達：一九二〇年以自購飛機進行首次「鄉土訪問飛行」，創下臺灣人在臺灣的首次飛行紀錄。一九二三年他駕駛飛機在東京上空散發數十萬張傳單，傳單上書寫「臺灣人呻吟在暴戾政治之下久矣！」等文字。

❼馬味：馬克思社會主義的況味。

❽衛國戰爭：是蘇聯建國之初，美國英國等西方反共產主義國家想消滅共產黨的一次軍事行動，但後來以西方國家失敗告終。

歷史情境對話站

1. 一場有效的社會運動總體目標是為了什麼，重點在於宣傳、推廣還是行動？而最終所留下的影響，應該是在當下還是未來？
2. 左派右派的立場其實不是固定不變的，隨著年齡變化與社會經驗也會有所改變，現在的你自己會比較站在哪一邊呢？是不是有過改變？
3. 常看到社會運動主打的口號叫做「公平正義」，何謂公平？當世上每個人的稟賦、家庭、認知、能力都不相等時，扶助弱者出自於天性，但公平又該如何定義？
4. 他人累積幾代的努力，讓白手起家者超越，是否能夠稱作公平？

延伸關鍵字 想知道更多，請搜尋——

#馬克思社會主義 #皇民化運動 #臺灣地方自治聯盟 #簡吉

【13】

對祖國的粉紅濾鏡破滅：二二八事件

歷史小檔案

登場人物

陳儀、林茂生、陳澄波

發生年代

1947 年

國際上正發生

- **世界局勢**：人類有史以來最巨大的浩劫——二次世界大戰終於劃下句點，但國際上兩極分化的局面瞬間打破大家和平的渴望，共產政權的擴張性與野心，使西方諸國開始不安。
- **英國**：英國殖民下的諸多地區發動獨立運動，並且出現在民主陣營、共產世界外的「第三世界」說法；大不列顛霸權劃下句點，美元體系的建構，更預示著一超多強的格局即將出現。

斂除各種對外來政權的情感，無論是喜愛還是排斥，但臺灣再次迎來了一個非本土的管理者。中華民國以二戰勝利國、世界最大民主國、當世五強之姿開啟了對臺灣的統治。然而這段時間所產生的社會矛盾，卻也時刻影響著當下的我們。

任何事件的爆發都需要伴隨醞釀期，無論是令人欣喜的社會變革，或者是一場血腥的屠戮。

臺灣人在被殖民時代，對清帝國、或者後來建立的中華民國，一直存有一種獨特的祖國情懷，可以視為他們反抗當前統治者時最需要的一股心靈動能。

也是因為滿洲國的建立、對華戰爭開啟後，日本當局很需要臺灣人到新占領的土地進行建設、商貿，所以臺灣人在鞏固自己的經濟地位同時，也與「祖國」開始有了更多實質的關係建立。

當時到中國去經商真的是超賺的，因為日本想要拉攏臺灣商人，所以居然讓臺商在中國賺取的鈔票可以一比一直接兌換為日圓，這無疑是喪心病狂的直接收買，因為當時雙方匯率差很大，而中國當時貨幣政策混亂程度大家也有目共睹。

而在這個過程裡，臺灣心向祖國的頭人們也有了更多管道，與對岸往來。這塑造了在二次世界大戰結束時，雖然一批已經早早建立日本國意識的人們聽著天皇宣布投降的玉音垂淚，但同時也有一批人早早組成了祖國致敬團，準備到南京去面見蔣介石。

直到現在都有爭議的「臺灣主權未定論」

社會氛圍的塑造，其實非常仰賴這群有影響力的人，特別是在一個全社會識字率不到雙位數的年代，大部分民眾的聲音是被這群仕紳、商賈代言的，這也就是為什麼在歷史課本上會說這個階段的臺灣，有很多人得知要回歸祖國懷抱歡天喜地，畢竟有些檯面上看不見的利益，都已經在私下喬好了價格。

至於此時臺灣的歸屬為何，這是一個可以開好幾篇論文討論的大議題，總結各方的幾種觀點可以知道的是：盟軍《一般命令第一號》給予當時蔣介石的權力，是管理北緯十七度到三十八度線之間的占領區，臺灣正在這個範圍內。

但擁有管理權是否等同擁有使用權，這點則有待商榷，至少當時美國陸軍參謀長麥克阿瑟以及美國國務院都有發言，認為應該等待《對日合約》❶確認以後才能清楚界定臺灣的地位。

但是也有不同聲音主張，在開羅會議時就已經說過中華民國在戰後擁有臺灣，這也就成為了直到現在都有爭議的「臺灣主權未定論」。

如果甲午戰後臺灣從清朝割讓給日本是有白紙黑字、並經雙方同意簽字畫押的合約所確認，那戰後臺灣從屬何方，也應該經過這樣的流程。可尷尬的狀況是，當盟軍與日本方面於一九五一年在舊金山即將完成與戰勝國和談時，中華民國已經丟失了整整千萬平方公里的領土。這使得日方在主客觀條件上都不知道要將臺灣歸還給哪一個中國——跟我打的是中華民國、但它現在已經不在這片土地上了，中華人民共和國建立在二戰之後，沒道理跟我索要臺灣，乾脆我就選擇放棄此處主權。

然而放棄不代表臺灣就此回歸原本的擁有者，更何況此時將臺灣割出的清帝國早已死透發涼，而繼承者中華民國已經半殘血狀態。

直面一九四七年人間浩劫：二二八事件

但回到中華民國獲勝的這個時刻，蔣介石對於臺灣是重視的，對一個青年時代在東洋成長的獨裁者而言，撇開國家民族大義，他是有獨特日本情懷的。因此，他安排前往臺灣進行治理的陳儀，跟他一樣出身浙江，並且同樣對日本有特殊感情。

許多史料都證明，陳儀並不是一位純粹的貪官，他會被選定為臺灣行政長官公署的負責人，主要是因為其知日背景。

從日本陸軍士官學校畢業的他，放在戰後國民政府裡，絕對是背景與實力都夠優秀的選項，但架不住底下一群思考方式已經是在開香檳狀態的官僚。

試想臺灣剛脫離了八年抗戰的陰霾、好不容易重見天日，在紀律不夠嚴明、管理仍然鬆弛的狀態之下，誰都不可能止得住內心意圖狂歡的欲望。大約近似剛考完一次重要考試後，買醉、瘋狂或者躺平的心態，接手臺灣的這批官員們，從主客觀條件上都很難脫離這種情緒。

退一萬步講，二戰期間國民政府忙得焦頭爛額，實在沒有能力培養一群專業、廉潔又高效的官僚。而臺灣當時雖然硬體建設遠遠超越中國本土，但戰後留下的諸多後遺症也是迴避不掉的：資源匱乏、糧食危機、通貨膨脹，都是陳儀政府即使沒來也會發生的問題。

也就是說，一場必不可免的火災儼然已經燒起，端看這群從「祖國」到來的弟兄，究竟是提水救火還是火上澆油。從後人視角觀之，無論你站在哪個立場，都必須得直面一九四七年這場人間浩劫，結果就是在中華民國旗幟飄揚於這片土地不到兩年的時間內，這裡發生了一場族群悲劇，隨著馬場町的槍響，數千近萬人犧牲，一代精英從此被肉體消滅。

對祖國的幻滅從被統治開始

情緒都是雙向的，當來自「祖國」的士兵登陸了基隆港後，失望的氛圍就瀰漫全島。從臺灣的貴族階級來看，能與新統治者保持互動自然是好事，但新統治者似乎比起過去的殖民政府更難以合作。

中華民國為了一展掃除皇民遺毒的魄力，在執政的第二年就提出漢奸總檢舉規程，濫捕臺灣的世家大族。在此過程至少有百名臺灣人被扣上「漢奸」罪名逮捕，具體而言有臺北辜家的掌門人辜振甫、板橋林家的林熊祥，以及日本時代較為保守的許丙等人。

如果說打壓一派、拉攏一派是新統治者必用的手腕，那我們來看一般升斗小民所見到的「祖國官員」又是什麼樣子。

臺灣人在日本統治下其實擁有高度的現代化精神，至少透過連戰之父連震東的話來看更是映證這一點：「**（臺灣人）過的是新生活，有洗澡的習慣，很清潔，勤儉**」；相較之下戰火洗禮下，遍地狼煙的中國兵自然沒有客觀條件如此「奢侈」。

加諸統治者的無意識控制，社會出現撕裂也是必然的局面。懷抱「五子登科」理想的官員，透過各種合法手段不合理地進行對資源掠奪，臺灣人眼睜睜看著物價通膨進入到難以理解的地步、士兵的紀律與公家機關的不作為更是加深這種相對剝奪感。

而西南部地區與中國之間存在的走私貿易，也悄悄將消失在臺灣本土數十年的疫病重新帶入，霍亂與天花、鼠疫在臺灣被納入國府「懷抱」後，迅速奪走千餘條生命。這在在加深臺人對新政權的不滿，當然也使得從日本時代就已經方興未艾的各種左派力量以及本土有民主情懷的人們，開始有了反統治者的想法。

如此一來，在臺灣上下皆抱持對新政權的恐懼、懷疑以及不滿的狀況下，要催化一場反政府的行動，恐怕就只缺一根導火索了。但直到大家熟悉的三月悲劇前，此前幾乎沒有全島串連過的臺灣人在一九四六年還遭受了新營、員林與布袋三個因防疫、執法過當的

「員林事件」震撼，這才讓情緒更加層層累積。

當然這個時候也可以來看看蔣介石對臺灣當時的社會狀態理解到什麼程度。他在「收下」這片新國土後，曾與宋美齡一同造訪，在臺北、大溪、日月潭都留下足跡，並且看著沿途對他熱情歡迎的群眾充滿欣喜之情。

在他的日記裡甚至信心滿滿地強調，在中央的支持下，加之優厚的基礎，不久的將來，臺灣一定能夠建設成為三民主義模範省。

現實將蔣介石的判斷按在地板上摩擦

只是沒多久，一場於一九四七年引爆民怨的二二八事件拉開序幕，現實將這位偉大領袖的判斷按在地板上摩擦。具體而言，在國民政府必須攢足資本應對國共內戰的大前提下，跟日本殖民政府一樣將許多具有剛性需求的貨物收為國有，進行專賣以獲得最高利潤，是可以理解的方案。

自漢武帝時代就曉得鹽、鐵、酒的專賣威力，日本政府明白、臺灣行政長官公署也不例外；但上有政策，下自然有對策，生活較為困苦的人民選擇另一項高風險、高收益的活動——私賣香菸。而一次查緝私菸的過程，讓警民衝突，最後引起全島的同仇敵愾。

憤怒的群眾包圍了各地的廣播電臺與政府機關進行抗爭，希望主事者能夠給予這一連串的錯誤政策負擔責任，然而等到的回覆並不是一個歉意滿滿的鞠躬，而是從行政長官公署二樓發射而來的殺機與子彈。這下子彼此都已經沒有什麼妥協空間了，臺灣人將怒氣傾瀉在其他外省人身上，一系列的仇恨、鬥毆就此展開。

當然也不是所有人都被憤怒沖昏頭到無限制的報復，例如當時的林獻堂就庇護了一位外省籍人士在其宅中，直至風波稍歇。這個幸運躲過暴力的人，後來成為了中華民國過渡性質的總統，他就是嚴家淦。

類似的劇情也發生在臺灣各地，雖然子彈與流血都已經形成難以癒合的傷害，但民間仍然有著修復關係的能量。

這些頭人、意見領袖自發性地組成了事件處理委員會，試著跟公家單位協調，避免事件進一步惡化，然而也是因為這份善意，最終將更多人推向了煉獄。

國民革命軍二十一師，開始清鄉行動

時任高雄要塞司令的彭孟緝，就很樂於透過這些極具影響力的人，來暫時緩和社會憤怒的情緒。他在壽山上召集當時的市長、議員及民意代表們，同時將其他陳情群眾引導到市政府（今歷史博物館）。待到開會之時，忽然身邊的士兵驚呼談判者攜帶槍枝、意圖劫殺司令，以此為由將來談判的涂光明等人逮捕並處死刑。並且對手無寸鐵地到高雄市府內表達民意的人群投以手榴彈，最終成為了一場血色的高雄屠殺。

一九四七年，時值國共內戰期間，在國民黨高層看來這局勢如若失控，必會讓臺灣也如同東北等地一樣徹底赤化，因此在蔣介石的授意之下，國民革命軍二十一師正式開向臺灣，並且展開隨後的清鄉行動。所謂清鄉，是以武力進行對地方的鎮壓，並且清掃任何有可能威脅政府的頭人，將之「清除」並且深入「鄉里」的行為，可以想見任何有點聲望的人們在此刻會受到何等的迫害。

前文提到的臺灣第一位哥倫比亞大學畢業的博士林茂生、臺灣三民主義青年團臺北分團主任王添灯、人權律師湯德章、醫師世家張七郎、畫家陳澄波等一代精英，在這場浩劫裡皆付出生命作為代價。

咦，二二八是共產黨導致？

有一種說法認為，二二八受害者多為共產黨員，甚至到白色恐怖時代，被送至綠島的思想犯也是因為中共影響，以至於國府不得不為之，甚至拉出北京西山公園裡無名英雄廣場上所刻的名單有這群受難者，以此得出當時的政治迫害皆有所本的結論。

這個問題必須得分成兩個層次來談，一為這些人到底有沒有共產黨背景，二為國民政府這麼做的正當性是否存在。

其實如果理解日本時代為了爭取人權、以及進行社會運動，臺灣文化協會裡存在許多左派，這些人或許受馬克思影響、受日本社會主義影響，對於壓迫階級的不滿與極權的抗拒，這些力量一直存在於民間。

待到國民黨接收臺灣之後，一連串瑕疵連連的施政之下，青年與原本就左傾的社會運動者結合，因而出現反政府的行動非常合理。具體代表就是與臺共謝雪紅之間存在千絲萬縷關係的二七部隊❷，但這群人的信念與中共並不是一脈相承，以左為盾的理想青年存在反政府的色彩，並不代表他們認同毛澤東、以及當時赤色政權的教條。

但是，如果能將共產黨這張標籤貼在二二八罹難者的身上，則可以讓中共現在很好的來攪亂臺灣當前的主體論述，並加強臺獨等同中共同路人的印象，另一方面也可以合理化外來政權對本地精英的屠殺。

其二，國民政府藉由清鄉掃除任何可能投共的力量，這個決策是否正確，如果站在獨裁者的立場來看，寧可錯殺一百、不可放過一個，是非常符合自身利益的作法。但如果一個政府脆弱到禁不起批評，並且要以屠殺來消滅其他聲音，這樣怯懦而不爭氣的心態，縱使當下可以使政權站穩腳跟，也勢必禁不起時間對它的考驗。

如果對手是一群會以坦克車鎮壓學生、會在邊疆地區進行種族滅絕的邪教信徒，那進行鐵腕政策對付之還算情理之中，在一九四七年時，真正會對不同立場者進行清除行動的，卻一直都不是共產黨。

再退一步講，如果認同當年對紅色政黨認同者進行各種暴力迫害，予以逮捕、思想改造甚至殺害，那時至今日極權獨裁的勢力伴隨經濟成長後，再次深入臺灣社會之中，是否也可以採取同樣手段來進行抑制。當然，民間社會在此時藉由政府之手，合理化地互相告發、並且報私人恩怨的事件也層出不窮。

不能強求和解共生，要有更多論述與反省

在一代精英被徹底消滅、噤聲之後，政府必須扶植新的一群願意配合的頭人為它穩定地方統治，這也就使得臺灣民間在往後生出黑金叢生結構，甚至劣幣逐漸驅逐良幣，進而使所有人群聚集的活動逐步失去士紳階級參與的狀況。

最具代表性的莫過於宗教儀典，世俗化甚至粗俗化的結果，更進一步削弱臺灣人對文化歷史的認同感，同時也打造出一個價值觀更為扭曲的威權社會。

當然這種威權迫害的對象是絕對不分省籍的，在國共內戰期間從山東煙臺流亡到澎湖的師生們，也因為被懷疑是匪諜，不但近百人因此喪生，並且讓作家王鼎鈞評論，透過二二八震懾了本省人後，再由澎湖七一三事件❸警告了外省人，藉此國民黨方能穩住在臺的統治根基。

我想面對二二八事件逐漸遠去，關注的聲音必然更加降低，但這場事變前後無論社會階級上下所展現的人之劣根性，在轉型正義不夠落實的社會裡，必須要有更多的論述跟反省，若將一味強求和解共生作為每每回望這段歷史時做出的結論，彷彿是先射箭後畫靶的彆扭舉動，不但廉價也沒有意義。

❶《對日和約》：正式名稱為《舊金山和約》，於一九五一年第二次世界大戰大部分同盟國與日本簽署，簽署目的為解決日本投降後所衍生出的政治與國際法律相關問題。

❷二七部隊：後改稱臺灣民主聯軍，是二二八事件時，由中部地區人士共同組織領導的反抗政府的武裝民兵組織。

❸澎湖七一三事件：發生在一九四九年的澎湖，又稱為山東學生流亡案，此政治案件牽連甚廣，有人稱之為「外省人的二二八事件」。

歷史情境對話站

1. 一個政權要穩住自身的統治，必須採取相對應的國家暴力，例如警察與軍隊的存在也都是建構在維護國家安全與治安的前提下，不得不產生的「特權團體」。中華民國統治臺灣階段所採取的國家暴力，是合理的存在還是必須嚴厲譴責的歷史傷口？

2. 當前社會對二二八事件的處理，最讓你感到不滿的原因是什麼？時隔七十幾年我們缺乏的是咎責，還是太多的篇幅進行討論？

3. 在知道了二二八事件的歷史意義後，這一天是否還該放假？你認為放假的核心是為了紀念什麼？

延伸關鍵字 想知道更多，請搜尋——

#波士頓大屠殺 #白崇禧 #張果仁 #嚴家淦

【14】

臺人生存 RPG❶：蔣介石的統治與兩次臺海危機

歷史小檔案

登場人物

蔣介石、蔣經國、艾森豪、甘迺迪、尼克森、卡特

發生年代

1950 ～ 1978 年

國際上正發生

- **共產與民主**：「金句製造機」杜魯門大爆冷門的贏得總統大選，正值此刻冷戰開打，鐵幕落下，英國前首相邱吉爾在一次演講中點出，如今的世界在亞得里亞海與波羅的海之間，存在一道鐵幕，共產世界與民主陣營正在對抗。
- **朝鮮半島**：金日成在史達林授意下，發動對南朝鮮的入侵戰爭，韓戰打響。美國為首的聯合國軍選擇在仁川登陸，展開與共產世界的軍事周旋。
- **德國**：同一時間在共產世界包圍下的西柏林岌岌可危，一場不可預期的風暴似乎又將到來。

世界格局在二戰後不但沒有迅速穩定，紅色政權拓展速度之快遠超想像。中華民國的節節敗退，使得民主陣營的軍工廠美國也大感搖頭，若不是韓戰爆發，臺灣恐怕難逃被人民解放軍赤化的命運。然而福無雙至，禍不單行，隨後，面對國際上越來越多國家承認北京政權的合法性，堅持中華民國為唯一中國合法政權的聲音漸漸消失，亞細亞的孤兒開始外交雪崩、內外交迫。

一九四九年，隨著蔣介石領導的國共內戰已經到了不可收拾的潰敗之局，臺灣迎來歷史上最驚人的移民潮。這批多為統治階級及附屬的軍眷們渡海來到新家園，大有永嘉之禍衣冠南渡的東晉既視感，但來臺的順序也反映了國府內部的諸多問題。

蔣介石到底是怎麼做到在四年內丟掉千萬平方公里的土地，以這個前無古人恐怕也後無來者的紀錄抵達臺北的？已經有無數著作進行論述跟探討，但當時幾乎諸多數據上都明顯遠優於共產黨的國軍失敗，無疑是讓全世界都感到傻眼的，特別是美國。

美國從二次世界大戰時就不斷支援中華民國，這個能幫他牽制著東洋怪物的盟友，國共內戰期間也仍然供應著國軍軍火、美金以及糧食。但最終卻是竹籃打水一場空，自然

蔣介石撤退來臺後，選定陽明山為「總統辦公室」，初期許多重要決策皆在陽明山的草山行館定案。

是讓時任總統的杜魯門感到沮喪又惱火，隨著一九四九年《對華白皮書》（又稱《中美關係白皮書》）的問世，美國更是將一種恨鐵不成鋼、我以後絕對不再理你的怨憤表達無遺。

第一次臺海危機：我們與被統一的距離

縱使是我們認為同是紅色陣營的蘇聯，也對於中共成功之速感到震驚，二戰即將劃下句點時的一九四五年，蔣介石曾派遣宋子文到蘇聯，與時任外交部長莫洛托夫訂下《中蘇友好同盟條約》。這裡面有著許多史達林垂涎三尺的利益，還等著日後蔣介石兌現，殊

不知這麼迅速地就全敗下來。當然日本也是傻眼的狀態，這才有 P.198 提及的《舊金山合約》時，真的不知道要把臺灣還給哪個中國、進而只是放棄臺灣主權的局面。

眼看著距離毛澤東徹底掐死國民黨只剩下一道臺海的距離，全世界都屏息以待，那個最終時刻的到來，由此拉開了以古寧頭戰役為起點的第一次臺海危機。

蔣介石很明白如果單靠自己的力量是絕對不可能擋下中共，因此拉下臉，請日本軍人來協助國軍的「白團」❷，其中以岡村寧次做為代表。雙方在赤魔面前，可以放下二戰彼此的血海深仇，務實地站在同一戰線。孤懸一線的危急局面也隨著韓戰的爆發，使得蔣介石的狀況轉危為安。

美國支援，阻止新一輪世界大戰的可能

由於北韓的迅速南下以及當時李承晚❸的扶不上牆，一場近似韓國版的國共內戰，徹底讓美國方面警鈴大作。如果紅色勢力徹底併吞朝鮮半島，剛經過大轟炸、解除武裝化的日本，勢必擋不住兵強馬壯的紅色大浪。如此一來蘇聯、美國之間所有緩衝地帶將徹底消

失，新一輪的世界級大戰又將拉開。

為了避免局面持續惡化，介入韓國事務成為美國社會的共識。另一方面，位處第一島鏈中段的臺灣也不能成為防護網的破口，第七艦隊自此進入臺灣海峽協防，遏止了毛澤東持續進攻的野心。

但小規模的戰鬥卻仍持續在中國近海展開，隨著一九五五年一江山戰役國軍集體陣亡的噩耗傳來，蔣經國力勸父親撤出在大陳島的所有居民，避免悲劇再次上演。

而在國共內戰尾聲撤至雲南、緬甸、泰國邊境的軍隊，也逐步被接送到了臺灣。這使得臺灣存在外省群體當中人數、社經地位都在當時處於劣勢的大陳義胞[4]，以及在作家柏楊筆下所謂的異域軍民——泰緬孤軍[5]。

相較於可以居住在天龍區的優勢移民，這些後到者只能被分配到城市的邊緣，甚至是高山深谷之間，具體像是中壢與八德、平鎮交界的龍岡地區，或者是更為遙遠的清境農場一帶。

可以說在蔣介石倉皇西渡以後，另經辭廟、辭祖、淚灑中山陵而多次反攻不得成功後，終於在臺北穩下陣腳的他，可以思考如何將自己的統治在黨內定於一尊，並且透過多次土地改革來強化自身在臺灣的根基。而新一輪的世界級大戰在著眼於現實國際政治變化的狀況下，美國必須支援中華民國這個曾在二戰跟他劍拔弩張、在國共內戰裡扶不上牆的盟友，各方博弈之下在此出現了微妙的恐怖平衡。

第二次臺海危機：蔣與毛的一次雙簧

隨著韓戰在美國總統艾森豪造訪前線後畫下句點，而為了更進一步強化亞太地區的優勢，美國也希望擁有百萬軍民的蔣介石能夠更堅定地站在自己一邊，於是他親自造訪了臺北，並迎來了臺灣史上最為驚人的歡迎人潮。

一九六〇年在五十萬人的夾道歡呼之下，這位時任美國總統的艾森豪彷彿駕臨了他忠誠的新國土一般，而六年前雙方簽訂的《中美共同防禦條約》，更是讓內戰以來幾成驚弓之鳥的蔣介石終於吞下了定心丸。

但蔣跟美國之間的整體利益並不可能百分之百一致，例如防禦條約當中就並不保證金門、馬祖的安全。站在美國立場，跨海協防既困難、而且也讓中共多了對臺動武的口實，因為你極度軍事化了兩島，便等同威脅我大中國沿岸的安全。可是蔣介石也很清楚，一旦撤出兩地，自己真的就跟中國就此割斷任何意義上的臍帶。

可中共與蘇聯的關係，卻隨著建國之初的蜜月期結束而出現多次衝突，在蘇聯共產黨領導人史達林離世之後，毛澤東想要坐穩紅色世界一哥的野心，更是讓本來就暗懷鬼胎的雙方直接矛盾檯面化。毛澤東除了在接見蘇共的新一代領導人赫魯雪夫時，以極不禮貌的泳裝相迎，並且透過炮轟金門來表達自己不受莫斯科控制的決心，這就是一九五八年爆發的八二三砲戰。

在渡海武器不夠完備的狀況之下，我們回望這個時間點，實在看不出毛澤東的跨洋作戰有什麼勝算。而蔣介石似乎也清楚毛的潛臺詞，並且透過中華民國仍坐擁福建省統治下的兩島，來宣傳自己的統治合法性。

拉鋸長達二十年的八二三炮戰，
透過單打雙不打的作戰方式，
唯有在單日時才有小規模砲擊。

所以一直有種看法認為，這次的國共衝突雖然史稱二次臺海危機，但實際上就是蔣介石、毛澤東很有默契的一場雙簧，一個成功向老大哥蘇聯示威，一個跟美國表達了抗議。這場幾乎是假戰「單打雙不打」的砲戰，仍然是犧牲軍人，完成獨裁者個人算計的一次博弈。

國光計劃徹底破產，打醒腦衝反攻幻想

此後中國則因為毛澤東展開的「大躍進」，而出現經濟指標、國民生產所得的大幅衰退，大量因為饑荒而喪生的人口，忽然反過來讓蔣介石看到了一絲反攻的契機：透過共產黨不得人心且失敗的治理，應該民心思歸我大中華民國的局面即將再次出現。他開始思考是不是該為喊了多年的反攻大陸，做出實際行動。

當初抵達臺灣的時候，他可是對外宣稱：一年準備，二年反攻，三年掃蕩，五年成功。如今轉眼都快變成十年生聚、十年教訓了，沒有作為也說不過去。另一方面，讓他靜極思動的關鍵在於：當時蔣已經超越了憲法規定，第三次的連任了總統，必須更「有為」

來凸顯這麼做的必要。

凡獨裁者在突破自己原先設定的遊戲規則時，總要找點事情來證明自己的合理性強行挽尊，這也會逐漸改變他過往可能「不做不錯」的原則，進而以刷存在感為新方向。

這也就啟動了在他任內極為漫長（一九六一年至一九七二年）而且最系統性的反攻準備「國光計劃」。比起之前空有口號，這次計劃不但隱蔽性極高，而且非常有節奏感的將內容分成五個項目：「敵前登陸」、「敵後特戰」、「敵前襲擊」、「乘勢反攻」、「應援抗暴」，大有收復河山在此一舉的豪氣。

蔣介石的基本構思是透過以戰養戰的方式，先打下如廈門這樣具有指標意義及交通價值的城市，誘使解放軍對其進行炮擊，然後蔣就可以對外宣稱共產世界對自由陣營進行攻擊，而掀起反攻之戰拉開序幕。

當然也有彭孟緝❻提出以金門為支點，向左旋出進攻廣州、向右旋出進攻湖南的三角形戰術。但無論是想拖全世界下水再打一次世界大戰的構思，還是把解放軍當成紙糊的旋來旋去戰術基本都難以成功，而且也不會得到國際的幫助。

時任副總統的陳誠更是非常直白地點出，以臺灣物力人力遠遠不足以支援一場規模如此浩大的戰爭。真要進行，就必須得在新攻下的占領區裡進行物資補給，實現拿破崙式的以戰養戰。

但這個戰略若要成功，要奠定在共產黨智商無限趨近於零的狀況。對方只要堅壁清野，把國軍要進攻的目標先行摧毀，完全斷絕糧食、物資供給的可能，國軍就可能跟當地百姓一同陷入飢餓、最後被消滅。而且以共軍「愛民如子」的斑斑史蹟來看，他們絕對敢這麼做以期「玉石俱焚」。

好吧，既然理論依據完全站不住腳，蔣介石也只好發揮「意志能克服一切現實」的狂想模式，做就對了，在此指導方針下

三次臺海危機如何發生

	第一次臺海危機	第二次臺海危機	第三次臺海危機
發生期間	1954 ～ 1955 年	1958 年	1995 ～ 1996 年
重要參與人物	李承晚、毛澤東	艾森豪、毛澤東、蔣介石、赫魯雪夫	柯林頓、李登輝、江澤民
發生原因	1954 年，中國人民解放軍以榴彈炮突擊了駐守於金門的中華民國國軍，隨後並於 1955 年攻占了一江山島。	毛澤東為表自己不受蘇聯控制，1958 年 8 月 23 日起，中國人民解放軍向金門發起猛烈的砲彈攻擊；1958 年 10 月 10 日，發生雙十馬祖空戰，為臺海空戰中最大規模的一次戰鬥。	1996 年，時任中華民國總統的李登輝認為中國試圖以軍事演習干涉臺灣首次民選總統選舉，而後美國派遣第七艦隊航空母艦戰鬥群協防臺灣海峽。
代表性戰役	一江山島戰役	八二三炮戰 1958 年臺海空戰	無實際發生之戰役

「海威」行動正式拉開序幕。蔣介石決定在中國沿海地區投入三到五千特務，進行各種煽動與軍事破壞，在共產黨執政失利的大氣候下，他們一定可以成功將累積的民怨轉化為武裝革命的動力。

然而結果是，在中華人民共和國官方史料記載，在一九六二年之後的三年間，他們總共殲滅四十股、五百九十四位國民黨特務，而此活動最後以三分之二以上人員皆被殺害，畫下非常不光彩的句點，這就是功敗垂成的「海威計劃」[7]。

不死心的蔣在一九六五年更是決定直接用更多行動來證明自己的計劃可行，於是加緊了國軍反攻沿海地區的演習。但吃緊撞破碗，在左營桃子園的一次軍事演習中，五輛兩棲登陸車在大浪當中翻覆，數十位官兵因此殉職。

無視狀況惡化的他，在八月六日下達命令要海軍開始進攻福建，結果劍門艦、漳江艦雙雙被擊沉，同時也終於打醒了腦衝的蔣介石：若一再躲避現實，最後就只能以最難堪的狀況面對它。自此之後，國光計劃徹底破產，隨著國際局勢對蔣政府的不利，反攻的幻想逐漸消弭。

歷史情境對話站

1. 透過這段歷史，臺灣是否具有獨自度過生存危機的本錢？
2. 民主與獨裁的選擇幾乎是圍繞在臺灣島上幾十年來最大的懸念，你認為何者是比較有效的管理機制？

延伸關鍵字　想知道更多，請搜尋——

#美蘇冷戰　#臺美關係　#《中蘇友好同盟互助條約》

❶RPG：角色扮演遊戲，玩家在虛擬世界扮演一或多名角色，透過觸發各式劇情、蒐集道具與打怪升級成長。

❷白團：實踐學社，又稱為白團，是一九四九年在東京由日本軍人成立的軍事顧問組織，為中華民國聘僱以協助臺灣抵抗中共。於一九六九年解散。

❸李承晚：一九五〇年韓戰爆發時，時任南韓總統。

❹大陳義胞：大陳島居民放棄家園，遷移到臺灣後，政府將其稱之為配合中美聯合抗共、投奔自由的義胞，而非戰火下的難民。

❺泰緬孤軍：因為國共內戰進行到最後階段，由李彌將軍所帶領的部隊撤退至雲南、緬甸、泰國交界地帶，繼續與共產黨進行游擊作戰，使得數萬部隊駐守在三不管地帶，故而稱之為泰緬孤軍。

❻彭孟緝：曾任臺灣高雄要塞司令。在二二八事件中造成大量高雄民眾傷亡，因而被稱「高雄屠夫」。

❼海威計劃：此為蔣介石希望透過特務、滲透中國內部進而完成反攻大計的方略。預期投入大量情報人員，策反對手人民與將領，但最終行動失敗。

#【15】

就是那天，蔣介石「退出」聯合國群組

歷史小檔案

登場人物

蔣介石、周恩來、甘迺迪、李登輝、江澤民

發生年代

1960 ～ 1996 年

國際上正發生

- **中國**：中國在外交上出現改善的同時，內部因為吳晗所編戲劇「海瑞罷官」，掀起一波共產黨內質疑是否有人在透過戲劇批判時政，最終引爆了文化大革命；這場對歷史文物、人性心靈長達十年的浩劫，最終隨著毛澤東的去世與四人幫倒臺而劃下句點。

退群組是社交軟體時代常遇狀況，在綿密的人際網絡裡，但凡做出這類舉措往往都會有副作用，例如徹底與一群潛在合作對象產生隔閡，甚至引起蝴蝶效應，往後再有互動也有麻煩。小至個人，大至國家皆如此。一九七一年十月二十五日，聯合國以《2758號決議文》，驅逐了蔣介石代表的聯合國席次，這迫使蔣介石必須聲明「退出」聯合國。蔣介石在一連串的錯誤外交策略當中，逐漸將自己的國度變成外交邊緣人，即使當時中華民國的外交長才如璀璨群星，也無法力挽狂瀾。成為亞細亞孤兒是果，此前無視國際現實的不妥協是因，這一過程雖是歷史，卻也對臺灣未來有深遠的影響與啟示。

歷史事實是一九七一年的十月二十五日，中華民國在聯合國失去席位，然而整個複雜的故事卻可以透過一場會談說起。疑美派常說：臺灣不應該太相信美國，因為美國有他的國家利益考量，而不見得會完全幫助我們，那這樣的說法乍聽之下悅耳動聽，但實際上經不起推敲。

首先大家要先考量到現在美國對外的最大敵人是誰，亞太地區最大競爭對手、乃至於全球布局範圍當中誰是最具威脅性的對象：答案非常顯而易見、不需要是專家都看得出來，當前絕對是中國。

然而，在臺灣始終有一種聲音認為自己是被美國逐出聯合國、甚至是慘遭背叛的，像是蔣介石在日記裡就反覆提及這個概念，認為自己這輩子最大的錯誤就是相信了美國。

但蔣介石真的被美國出賣、美國為了自身利益所以把蔣介石給拋棄嗎？首先，中華民國在丟失了百分之九十九的國土之後，在一片土地主權屬於誰尚有爭議的島嶼上維持自己的政府。然後還對外宣稱自己才是正統中國，並要求世界各國只能承認他，在聯合國內還必須占有五常席次❶、並且與中共之間存在絕對排他性，這個狀況發生在任何國度，都不會得到全世界的長期支持與認同。

中華民國一路開倒車，還大罵別人逆向行駛

而且換一個視角來談：中華人民共和國有沒有資格加入聯合國；中華人民共和國在一九四九年成立之後，就非常努力爭取進入聯合國的各種可能性，十一月開始周恩來❷就嘗

試以各種方法來呼籲世界容納中共；他曾致電給聯合國祕書長賴伊以及聯合國大會主席羅慕洛，要求聯合國不應該繼續讓殘餘反動的中國國民黨政府來代表中國，希望可以驅逐蔣介石的代表。

其實周恩來這一手非常高明，他挑動了中華民國最為敏感的神經：其一為中華民國如今的存在非常弔詭，在臺灣的存在更是尷尬，中華民國到底有沒有權管理臺灣的疑問，其實也出自於蔣介石。

蔣介石在一九四九年一月十二日時曾以電報斥責陳誠，因為陳誠在記者會中表示：「臺灣為剿共堡壘」。在蔣的認知裡這句話純屬失言，為了避免誤會擴大，蔣介石在電報中對陳誠說：「**臺灣法律地位與主權，在對日和會未成以前，不過為我國一托管地之性質，何能明言做為剿共最後之堡壘、與民族復興之根據也，豈不令中外稍有常識者之輕笑其為狂囈乎。**」

這樣就可以知道國家日益強大、而且思維明顯比蔣介石更為清晰的周恩來，為什麼最終能在外交政策上勝出。

國際是現實的，當你實力夠強大，那麼自然可以橫行無阻地用強大國力作為後盾，來要求別人配合你的策略；但當你弱小的時候還要玩「別人必須忽略自身利益純然配合你」

的策略，那就無異於北韓了。

臺美之間，竟像極了愛情

一九五九年的時候，美國參議院外交委員會針對東南亞政策有一個檢討報告，稱為《康隆報告》。這份報告當中有提到：「**讓中華人民共和國進入聯合國，而另外成立一個臺灣共和國，以此來解決當前僵局。**」此即最早的一邊一國方案。但當時的蔣政府是不能接受的，或許這跟當時蔣順利勒索美國、已經出現有恃無恐的態度有關。

回望整個一九五〇年代，絕對是中華民國建國以來跟美國之間最為蜜月的階段。特別是一九五四年的《中美共同防禦條約》簽訂後，無論是經濟支援還是科學技術提供，可以說是源源不斷，直到一九六四年臺灣經濟已經成長到美方覺得階段性任務完成後，才結束了每年近一億美金的無償補助。

但是蜜月期帶來的後遺症就是，國民黨政府再次出現過於美好的想像：美國會無條件持續性支持中華民國是中國唯一合法政府。感情跟外交雖然不能混為一談，但如果有其中一方過度樂觀、或者將對方的行為都視作理所當然，那災難的到來也是理所當然。

退出聯合國，臺灣成為亞細亞孤兒

中華民國身為聯合國安全理事會常任理事國的過去這些年，唯一一次動用到否決權，只有在一九五五年的時候，當時否定的是蒙古國入聯的決定。一九六一年，蒙古國申請入聯的提案再次被放上議程，而美國總統甘迺迪這回倒是投以不置可否的表情，希望蔣介石不要再阻擋。

或許是甘迺迪比起幾位前任總統，都不希望繼續看著中華民國一路開倒車、還要大罵別人逆向行駛的畫面，因此向蔣表達了無法繼續擋住此議案，同時也為日後兩個中國同列聯合國作為預告。

這個試水溫的舉動，讓蔣介石暴跳如雷，他旋即召回駐美大使葉公超回國述職，並立刻詢問現在到底美方是什麼態度。

葉公超基於理性判斷，他向蔣介石表示：如果要聯合國繼續當鴕鳥、不討論中國代表權問題真的已經很困難了，或許我們應該按照甘迺迪總統的步伐往前進，縱使難以接受，這也是一個無可避免的大趨勢。這對前一年剛與總統艾森豪在臺北相會，而且始終覺得美國已經跟自己緊緊相依的蔣而言，自然是無法接受。

基於外交專業的判斷，葉公超跟時任駐聯合國大使的蔣廷黻❸都認為即使蔣介石再怎麼憤怒，也不應該輕易退出聯合國。但在一個獨裁時代裡，忠誠不絕對就是絕對的不忠誠，葉的專業判斷固然沒錯，但政治上實在太不正確了，或許在蔣介石的內心裡可能已經飆罵起葉公超來，臺詞可能是：你是個中國人，怎麼會站在美國人的立場說話？同為大國，為什麼我們要亦步亦趨跟著美國走？

要說揣摩上意，那還是得總統身邊的幕僚更為專業，當時總統府祕書長張群就準確掌握了總統的心思，他認為：接受美國的一邊一國新方案，不就是在為中共進入聯合國鋪紅地毯嗎？為何我們要同意？

當然這種風向讓精明的行政院副院長王雲五也察覺了，隨之也補上一句：「為了維繫海內外同胞對中華民國的決心與意志，必要時應該退出聯合國！」

既然大家都樂於展現愛國情懷，有著外交之父最善於在國際上縱橫捭闔的外交部長沈昌煥看了一下蔣總統的反應，再想想當下的局勢，自然也樂於講個和稀泥的話：「不，我們能讓臺灣問題國際化，應該讓美國知道——如非全璧，寧捨勿取的態度。」簡而言之，就是寧為玉碎不為瓦全。

蔣介石看了一眼他樂於當戰狼的臣僚下屬，也應該是激動了，他立刻作出以下指示：接受或默認兩個中國之安排，政府該何以自處，應該告知美國我們必要時有決心退出聯合國，倘若聯合國大會決議通過，則我決心退出。我當然要奮戰到底，以保全我代表全中國之地位，使共匪不能入會。技術上各種方式，你們多研究，萬一不得已退出聯合國，以後應如何應付，乃是我總統的責任了。

當然後來這個故事的結局我們都知道了，雖然蔣介石代表被逐出聯合國是在這次會談後十年才發生的，但透過這場對話，似乎也可以看到一個脈絡，在一個政治凌駕專業的外交團隊、只為服務偉大領袖而忘卻國際現實的團隊，自絕於天下人只是時間的問題。

此後，中華人民共和國成功取得了中國代表權，而中華民國的外交官員們在知道任何轉圜餘地都已經不存在時，在《聯合國大會第2758號決議》文中黯然離開這個全世界最大的組織，從此使臺灣成為了各種意義上的亞細亞孤兒。

聯合國大會第2758號決議

大會，

回顧聯合國憲章的原則，

考慮到，恢復中華人民共和國的合法權利對於維護聯合國憲章和聯合國組織根據憲章所必須從事的事業都是必不可少的，

承認中華人民共和國政府的代表是中國在聯合國組織的唯一合法代表，中華人民共和國是安全理事會五個常任理事國之一，

決定：恢復中華人民共和國的一切權利，承認她的政府的代表為中國在聯合國組織的唯一合法代表並立即把蔣介石的代表從它在聯合國組織及其所屬一切機構中所非法占據的席位上驅逐出去。

一九七一年十月二十五日，

第一九七六次全體會議。

但半個世紀後，美國曾駐聯合國的代表凱莉克拉夫特卻有一段意味深長的話來描述這份文件：二〇二一年十月是《聯合國大會第2758號決議》通過五十週年，但此決議無歧視性阻擋任何及所有臺灣人參與聯合國體系的法律地位。美國聯邦眾議院外交委員會更在二〇二三年的五月十六日審查臺北法修正案時，特別指出《聯合國大會第2758號決議》不涉及臺灣代表權。如果被逐出的是蔣介石代表，而臺灣自始至終未曾進入過聯合國，是否在歷史的深處有一個暗示，正在為臺灣的未來指出明路。

回望獨裁者的掛羊頭賣狗肉之舉

即使在一個試圖和解共生的年代裡，有許多人希望擁抱蔣介石抗共精神，但綜觀他在臺的所有行動，我的觀察是：抗共只是因為蔣介石不得已之舉。

蔣在一九四九年在敗退到臺灣時，除了乖巧地成為美國的棋子外，抗共就是他的護身符，否則他沒有具備任何領導百萬隨他一同流亡的軍民之正當性，只要這群人發現他沒有帶大家回故鄉的動力或實力時，他們隨時可以組成還鄉團，先滅掉蔣政府、再投降北京。

蔣介石的抗共只不過是依據自身合法性、合理性延伸出來的羊頭，而他賣的真正狗肉，則是加強自己在國民黨內定於一尊的領導地位。

他只有確立自己是黨內最無可替代的抗共神主牌下之孝子賢孫，才能夠繼續鞏固當前權勢。而時任中華民國第四任總統府參軍長孫立人、第三任臺灣省政府主席吳國禎等比他更有指揮調度才華、甚至與美方關係更好的將領則是恐怖的存在，因為這些人在合理、合法性上都足以取代自己，故而蔣必須設法架空、軟禁這些人。人無完人，更不用說一位被各種包裝與神話美顏過的獨裁者。

中華民國，被世界排擠的邊緣人

單從外交層面來看，蔣介石留給蔣經國的絕對是個爛攤子。在整個一九七〇年代後期，中華民國的邦交呈現雪崩式下滑，無數重要的夥伴離去，連日本、美國這樣在國家安全上與中華民國有深厚綁定的盟友都拂袖而去。陷入這樣空前窘境除了歸咎於蔣介石的剛愎自用外，也脫離不了冷戰在這一階段出現的新變化。蘇聯跟美國的競逐，因為蘇、中關係的迅速惡化而有戲劇性的轉折，美國將希望寄託在北京政府身上。

試想，如果共產陣營損失了人口最多、軍力強大的中國盟友，而美方能將其納入自己的麾下，整場冷戰的勝利天秤將迅速往美國一方傾斜。相較於當時軍隊逐漸凋零、在國光計劃裡疲態盡現的蔣介石政府，北京正在向全世界傳達自己即將崛起、而且不一定要與蘇聯站在一起的訊號。美國的現實主義大師級國務卿季辛吉嗅覺靈敏地捕捉到這一變化，這也就開啟了所謂美中蜜月期，乒乓外交❹與各種公報的簽訂，讓冷戰結束出現一道曙光。

但同時這也代表中華民國的存在更為突兀，「一個中國」在過去可以是中華民國存在的保護傘，但隨著美國與北京越走越近時，這個原則也就轉變成了中華民國的催命符。

一九七八年底，美國總統卡特以近似偷襲的方式，選擇在臺北時間的凌晨告訴我方即將與北京建交的消息。此後，進入了漫長的中華民國外交大孤立時代——從退出聯合國前有七十個邦交國，直至二〇二三年已經只剩十三個邦交國。

雖說美國的離去為中華民國帶來了巨大的危機，但在雷根總統上臺後，於一九八二年與中方所簽訂的《八一七公報》❺裡，也隱含著保護臺灣的潛臺詞。在此份文件當中美方表明態度：不會希望臺海兩岸任何一方片面的改變現狀，同時也會在中國對臺敵意及武裝升高的階段，給予臺灣對等的協助。從這些外交辭令上，充分展現了語言藝術與美方的政治手腕，使得九〇年代以後的臺海兩岸，能繼續在彼此都經歷經濟成長飛騰階段中，不產生過多軍事上的衝突。

第三次與第四次臺海危機

直到一九八八年李登輝繼任總統以後，開始研擬總統直接由人民選舉產生時，才再次觸碰到中國的敏感神經。李登輝在他執政階段，透過廢除《動員戡亂時期臨時條款》❻來解放被兩蔣禁錮的憲法，進而使其中民主的精神得以在此後落實。有意思的是當臺灣進行總統直選後，許多模糊空間都會逐步被消失。

像是中華民國在臺灣的合理性，將隨著總統透過民選過程中得到在地人的授權，主張臺灣地位未定論者，如果沒能形成足夠的力量進行革命推翻，那就只能透過投票、選舉進入中華民國的體制當中。而對北京政府而言，在臺灣領導人產生過程到他實質統治範圍都與大陸完全割裂的狀態下，臺灣進行總統直選無異於一次獨立運動的展現。

這也就讓北京政府不惜在改革開放初見紅利的階段，發動了臺灣實質的文攻武嚇，不但是對臺海投射飛彈，並且多次進行軍事威脅，此即第三次臺海危機❼。

當然歷史還在繼續往前發展，隨著美國眾議院議長裴洛西在二〇二二年抵達臺灣後，北京方面也持續增派軍機擾臺，頻率有增無減的狀況之下，也被稱之為第四次臺海危機。

實際上縱使是兄弟也可能在成年後彼此分家，透過暴力手段來宣達家庭價值的道德綁架，在歷史長河裡只顯得特別無效而難以有說服力。彼此在社會與價值觀的路線上各自發展、在經濟往來與商貿當中互相合作，或許對於兩岸的人民而言，才是最為理想的狀態。

---

❶五常席次：指聯合國安全理事會常任理事國的五個常任成員，即中法英俄美。

❷周恩來：中華人民共和國的國務院總理，熟稔外交與情報體系。

❸蔣廷黻：中華民國的著名外交家，哥倫比亞大學的歷史學博士，曾擔任駐美、駐蘇的大使。

❹乒乓外交：指一九七一年中共與美國桌球隊互訪的一系列事件，讓兩國外交關係破冰。

❺《八一七公報》：全稱《中美就解決美國向臺出售武器問題的公告》，一九八二年簽署。

❻《動員戡亂時期臨時條款》：是《中華民國憲法》曾有的附屬條款，以適應動員戡亂時期政軍情勢。自一九四八年實施，直到一九九一年廢止。

❼第三次臺海危機：發生在一九九六年臺灣第一次總統大選前，由於中國不希望臺灣的民主制度落實，進而對臺灣進行飛彈試射。雖無發生戰役，但我方關於導彈演習的機密情報被雙面諜李志豪暴露給中國，這導致我方在中國的間諜劉連昆、邵正宗被判處死刑，對我方情報單位而言也是一大打擊。另外，市場對於戰爭威脅也反映在股票市場上，臺股在這一年從七千點跌到四千五百點，跌幅超過三十%。

歷史情境對話站

1. 臺美關係正受到全球矚目，作為東亞第一島鏈的關鍵，臺灣是被當作馬前卒、還是生死與共的盟友？
2. 在多次臺海危機當中，臺灣近乎扮演著被動方，在何種條件下，才有可能使得臺灣真正獲得安全？
3. 中共軍機頻頻繞臺，引發各方緊張，甚至有國外媒體擔心第三次世界大戰爆發，你認為臺海會跟昔日的波蘭一樣，成為世界大戰拉開序幕的關鍵嗎？

延伸關鍵字　想知道更多，請搜尋——

#《中美共同防禦條約》　# 一中原則　# 裴洛西來臺

19 世紀後半起，大稻埕便是進出口茶葉的集散地。
國民政府接收臺灣後，提出「多伐木、多造林、多繳庫」的三多林政，提高經濟效益。
學童午餐計劃
美援時期，不少臺灣人靠著美國運來的麵粉等民生物資度過童年。
31
清領時期，人民多以第一級產業維生。
民國 70 年代，工業區數量盛極一時，紡織廠則是當時的興盛行業之一。

Chapter 4

重商趨利是天性？一部島嶼經濟創業史

你相信嗎？在歐洲遠洋發生的戰爭，竟推動了臺灣的歷史發展？臺灣從遠東之地的邊緣島國嵌入世界經濟體系，原來得從臺灣社會風氣最盛行的利字當頭說起……

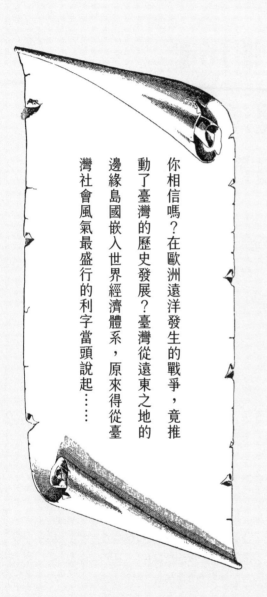

【16】

臺灣經濟發展竟是掃到他國鬥爭的颱風尾

歷史小檔案

登場人物

查理五世、彼得 ・ 納茨、鄭經、林文察、王得祿

發生年代

1600 ～ 1862 年

國際上正發生

- **西班牙與英國**：西方經過自身的強大海上力量與殖民經驗，前後建立了兩個號稱日不落帝國的龐然大物——西班牙帝國與大英帝國。
- **荷蘭**：荷蘭則透過自身對金錢運用的概念結合眾人之力，打造出十七世紀震撼世界的「海上馬車夫」形象。
- **奧地利、法國、俄羅斯**：同時代歐洲大陸上也歷經了開明專制的統治階段：瑪麗亞 · 特蕾莎、腓力二世、凱薩琳女皇等人輪番上陣，在啟蒙時代❶裡產生一個有趣的對照，他們同時給予人民一定權利，卻又同時加強自身的專制。

在一塊中央權力相較之下比較管理不到的土地上，秩序蕩然無存的狀態，反而是很多創業者心目中的天堂；從歐洲皇室的一場錢權鬥爭開始，臺灣被牽涉其中，成為第一代日不落國日落的象徵。

同時在滿清統治時期，臺灣也發展出非常不同的各種創業模板，無論是依靠政府能量進而強化自身的將領、與祕密組織保持互動進而賺取灰色收入的個人，以及透過國家政策進行拓墾而致富的農人，甚至是因為戰爭投資「期貨」而累積了數代富貴的豪門。讀臺灣史最終又怎麼能脫離「錢」字？

晉朝的時候曾經有一篇很火熱的文章叫做〈錢神論〉，裡面提到好幾句毀壞價值觀的結論，例如一改過去子夏與儒家文化所認知的「死生有命，富貴在天」。而稍作更改以後變成：「死生無命，富貴在錢」。以及直到現在仍然經典的概念：「有錢能使鬼推磨」都來自於此。

不可否認的是，在臺灣這個極為重商的國家裡，錢的重要性遠遠超過想像。臺灣之所以能嵌入世界體系，並且屢屢成為世界強權著眼的關鍵，最重要原因，也與經濟脫不了關係。這個曾被第一個日不落國（西班牙）、海上馬車夫（荷蘭）、內亞陸地強權（滿清帝國）、東洋霸主（日本）緊盯不放的島嶼，當然有其無可替代的競爭優勢。

荷蘭獨立戰爭，竟推動了臺灣歷史走向

隨著英法百年戰爭（一三三七～一四五三年）與一四五三年君士坦丁堡淪陷的同時發生，海洋成為全球爭霸的新市場。西班牙與葡萄牙這兩個後發型的伊比利半島國家，從發現新航道開始，打破了過去數個世紀地中海霸主爭奪戰的商業模式，熱那亞、米蘭、威尼斯等傳統強權開始失去優勢，而西班牙也慢慢成為了新世界秩序的控制者。

十六世紀的西班牙王位是由哈布斯堡家族控制，也就是說在歐洲大陸上這個家族做到可以在今天的奧地利、德國、丹麥、捷克、波蘭、匈牙利以及西班牙等地維持一個超龐大的統治體系。但是大有大的難處，隨著疆域面積的延展，對外戰爭所需要的花費、對內維持王族的奢侈生活，都亟需對富裕地區加速割韭菜的節奏。

其中最受影響的莫過於尼德蘭低地地區[2]，這裡由於生產畜牧業、紡織品這種利潤高

的產品，所以成為了帝國重點「關照」的地區，當地百姓雖然生產豐厚，但被徵收的錢還是多到讓他們不堪重負。

有一位皇帝，因為他出生在尼德蘭低地，所以被在地人賦予極大的期待，希望他入主哈布斯堡後，可以對自己童年待過的土地有更大的友善。結果，這位查理五世居然說出了：「**西班牙語是跟上帝對話用的，而荷蘭語是跟我的馬說的。**」身為歷史上最有名的金句製造機、血統高貴的KOL查理所造成的傷害絕對是大的。

這讓低地人決定要為了自己不會隨便被壓榨徵稅的權利發出怒吼，這就是歐洲近代史上特別重要的巨大事件：荷蘭獨立戰爭（一五六八至一六四八年）。正如同後來北美十三州的口號：「無代議士不納稅」一樣，這又是一起財政部沒有好好的拔鵝毛導致的大反彈。

這個與我們距離極其遙遠的事件，後來卻整個推動臺灣歷史走向。對，這個章節從最功利的角度出發，來看看金錢、稅收與交易是如何影響著這塊島嶼，又是如何形塑了臺灣的社會形態與價值觀。

聯合東印度公司，是護國神山級企業

身為網友口中戲稱的第一個祖國——荷蘭，的確是有很多跟現在臺灣相似之處，被強國壓迫，為了經濟、政治等各種因素而被威脅。

當然還有一個值得驕傲的共通點：擁有護國神山級的大企業，現在的台積電與當時的聯合東印度公司。這家當時市值極高、並且在航海以及貿易上都有壟斷商業能量的超級巨大股份有限公司，是荷蘭後來可以依賴經濟作為後盾，走向實質獨立道路的最重大原因。

至於為什麼公司名稱當中有「聯合」二字，關鍵在於荷蘭當時屬於後進國家，航道基本上要照著以前葡萄牙人的發現，加上航海技術不純熟，第一次向印度進發的過程付出了極大的代價。

好不容易把這條路走順了以後，因為船隻航行的動能大多是季風，然後到了印度之後，買的商品不外乎是香料、象牙，拿回阿姆斯特丹後發現根本大家只能削價競爭，累得半死還賺不到錢。在一個沒有反壟斷法的年代裡，這群人精一般的商人自然知道怎麼樣可以讓獲利極大化。

於是在一六〇二年，這就有了荷蘭商人們一起合作的「聯合東印度公司」誕生。但是，如果把自己國家的人民當韭菜割，實在也是說不過去，所以為了讓集體都能共享經濟成果，最好的辦法就是讓大家都可以成為公司的股東、有錢大家賺。這導致當時荷蘭各地的投資狂熱，而且公司實在是太能夠盈利了，在十七世紀這家公司居然可以每年發給股東高達四十%的股利！只需用資金買進公司股票，兩年的時間就會翻一倍，這麼迷人的投資誰能不喜歡。

關於這部分，絕對比起台積電的殖利率不知道高了多少倍。但是醜話說在前，荷蘭東印度公司後來會這麼慘淡地下市，主因也是這個太過魔幻的股利政策，沒有一家公司有辦法負擔這麼高額的股東福利，沒有天天在開派對的。

荷蘭政府自然知道自己跟聯合東印度公司之間休戚與共的關係，於是加大了投資的力度，不但將軍隊使用權、殖民地花費、談判媾和權甚至是開戰權通通讓渡給公司，這時候已經不是國家擁有公司了，根本成為了擁有國家的公司。

荷蘭一開始的外交政策非常清晰，聯合英國作為盟友，共抗西班牙。但英國後來跟荷蘭也為了商貿的問題，有了非常多衝突，甚至爆發好幾次的英荷戰爭。

這跟臺灣有台積電，並且與美國策略合作，對抗中國很像，然後美國現在希望半導體不被臺灣壟斷。

所以這過去這一年也見證了護國神山多次崩盤（爆哭），畢竟歷史總是不斷重演。

學測分科測驗都落榜，臺灣原來是荷蘭的備選志願

荷蘭選擇在臺灣修建他們的殖民基地，其實也不是什麼天造地設的浪漫愛情故事，單純是一次騎驢找馬、不小心只能選第三志願的委屈故事而已。

放眼東亞，其實是十七世紀許多海權國家在重商主義的推動之下，急欲搶奪的市場，畢竟這裡的人口是世界上數一數二多的區塊，明帝國、清帝國的廣大市場讓這些想到利益就兩眼發光的商賈們川流不息地湧進來。

但是從歐洲跨海而來，畢竟直線距離太遠，直接進行運送，對於人力、物力的消耗巨大。如果可以在遠東地區有個據點，對於貿易進行絕對有重大幫助。類似一家公司在外國有據點，方便自己的人力物力調度的概念。

單從地理的角度來看，距離帝國越近的海港就是好海港，所以捷足先登的葡萄牙，幸運地在澳門開啟了他們的轉口貿易。

這一年是一五五七年，在澳門這個海港只有一些帝國邊緣人、如被稱作蜑家（蛋民）的「河海游牧民族」居住，而北京坐著是那位愛修仙煉丹的道士皇帝嘉靖。多補充一點，這一年有一個猛人被安排到浙江淳安擔任知縣，他的名字叫做海瑞❸。

澳門因為其地理位置實在太便於讓歐洲商賈可以跟東亞內陸互動，這奠定它到今天仍然是亞洲人均GDP最高的地位。荷蘭人當時來到這裡，自然也有動過想跟葡萄牙人拚一把的心，可惜幾次進攻都沒能成功，這才只好轉向澎湖列島。沒錯，也是因為前後進攻澎湖兩次，才會讓沈有容、南居益❹有機會在海戰中展現明帝國的海上實力，最終在日本海商李旦的調停下，荷蘭終於認清了明帝國對守住澎湖的決心，失望地轉向臺灣來發展。

但真實的人生通常在給我們一次打擊之後，並不會停手。

慣老闆與倒霉青年的職涯悲劇

荷蘭在臺灣的經營仍然是遇到各種險阻，特別是日本對臺灣也一直「有想法」、加上第一章節提到的原住民問題。這使得荷蘭治臺的過程可說是內外交迫。這種統治的脆弱性，就展現在一六二八年的濱田彌兵衛事件中。

話說當時荷蘭跟日本的關係其實還不錯，至少我們看到整個幕府鎖國時代，荷蘭是唯一能跟日本檯面上都互通有無的國家，但是荷蘭賺錢速度之快、對商路壟斷的做法，還是引起不少日本人眼紅。

從一六二五年開始，濱田彌兵衛就有打算來臺灣買生絲，荷蘭考量到對方若買到生絲一定會帶回日本賣，那不是跟自己搶市場嗎？所以予以拒絕。濱田退而求其次表示，你如果不賣我物料，那我跟你租借船隻，到福建泉州去運貨總可以吧？荷蘭人又不傻，你這還不是一樣要去運商品回日本跟我競爭？所以照樣不答應。但連被拒絕兩次讓濱田很火大，後果也很嚴重。

回到日本以後，他聯合了多家日本商戶向德川幕府告狀，弄得荷蘭商館非常尷尬，荷蘭人一方面希望繼續維持在臺灣抽取的十%貨物稅，又想繼續保持在日本的通商優勢，那怎麼辦？人總是有一種想法，認為路是走出來的、事是談出來的，只要派遣代表到幕府去好好解釋一下，大家就又可以回歸事發之前、彼此賺錢發大財的理想局面了。

但理想再怎麼美滿，現實依舊悲慘，這種吃力不討好的工作自然沒有人敢擔。於是，一如現在的職場，面對到難辦又容易髒手的問題時，交給年輕人就對了！一方面自己可以持盈保泰，一方面還能美其名這是給你歷練。

於是一六二七年，荷蘭派出史上第一倒霉蛋、剛在海角天涯的澳洲南部完成探勘的彼得・納茨❺來處理這樁複雜的貿易問題。納茨是拒絕的，這種吃力不討好的工作誰要做？但當時在巴達維雅總部的高層卻壓著他上任臺灣總督，並且即刻啟程前往日本。

納茨在他為期數十天的日本行，不但慘遭臺灣原住民與濱田彌兵衛跟蹤，甚至整個德川幕府對他完全不予理睬，慘到連想用重金賄賂都找不到對象，等他灰溜溜地回到臺灣之後，剛好安平又爆發瘟疫。

我查了一下，當時納茨先生剛好適逢九的人生關卡，或許真的在劫難逃吧？因為還有更慘的結局在前方等著他。

首先是豬隊友特別多，在納茨跑去日本努力的時候，東印度公司高層這群豬腦袋，居然想起了跟明帝國官方合作剿滅鄭芝龍，儘管計劃很完美，但第一步就被鄭芝龍打得落花流水，這又更進一步削弱荷蘭在東亞的底氣。

時間來到一六二八年，日本決定來一手硬的，甚至計劃以武力攻占熱蘭遮城。在這個納茨明明已經獲得情報、也做了妥善布置看起來穩贏的局面中，居然玩成了日本人成功挾持納茨兒子進一步逼迫他妥協的逆風戰，最後納茨只好退讓到安平，送返拿著火藥、聯合原住民要打城堡的這群敵人。

而日本方面的處理態度也超級不厚道，成功返回日本的濱田等人不但沒有放還肉票納茨的兒子，還將他兒子關起來直到病死。

更慘的是荷蘭在日本平戶的商館也被強行關閉，這個飽經職場霸凌、對手不講武德的年輕納茨最後在一六二九年慘遭撤職，送返巴達維亞，賠了兒子又丟了工作。

危機就是轉機，荷蘭與芝龍攜手

那聽起來荷蘭在臺灣的統治不就是一團糨糊？跟日本處不好、得罪鄭芝龍、統轄下的原住民不聽話、還有瘟疫肆虐，根本變相湊齊毀天滅地的天啟四騎士❻了啊！

那為什麼後來荷蘭有辦法說出臺灣真是公司的一頭好乳牛、福爾摩沙上有好多勤勞的小蜜蜂之類的話呢？

因為很多時候，危機就是轉機。在荷蘭人被鄭芝龍打敗之後，或許基於雙方都是為了要盈利的總目標相同，掙錢嘛，不寒酸。

所以意外地雙方很快達成新的合作協定，鄭芝龍可以擁有更大規模的海面控制權，但荷蘭人也需在其保護之列；荷蘭只要花點手續費、運輸費就能換到安全以及各種合法、不合法的商業管道進入帝國市場，對荷蘭來講也不虧。

而鄭芝龍也繼續幫荷蘭運來便宜又勤勞的勞力資源——福建、廣東一帶的農民，這使得荷蘭在臺灣的開發忽然像是吃了一顆大補丸似的，效率倍增。

臺灣的天氣條件又夠好，足以讓歐洲人種下讓他們垂涎三尺的甘蔗，平原地區到處跑的梅花鹿也是肉眼可及的豐厚利益。

別忘了荷蘭最初來臺，不過就是想找個可以跟明帝國貿易的據點而已，想不到現在這裡居然還能有珍貴物產出口繼續更多外匯，這就好像你原本只是買了一個倉庫來囤貨，卻意外發現這倉庫裡面本來就已經放有大量存貨，只要把它挖出來就可以立刻變現一樣，實在是一本萬利的好生意。

東寧王國：天地會的密令

講到這裡不得不向第一個在臺灣建立漢人政權的東寧王國致上敬意，他們有太多歷史經驗值得我們學習。首先它是建立在一個兩岸關係極度緊張、甚至已經不能說緊張，根本是戰火之下的政權。而在當時先天不良的條件之下，東寧是怎麼突破的呢？

首先是既有商業模式的轉型，在東寧王國原本極其依賴透過山海五商進行對帝國核心地區進行貿易時，滿清忽然來了一招玉石俱焚之策《沿海遷界令》❼，這讓鄭家開始思考是不是應該加重與日本以及國力蒸蒸日上的英國合作的比例，另一方面對清貿易也要想辦法持續，所以透過人治社會的漏洞——進行各種利益輸送在官員群體當中找到願意配合的，繼續維持一個站著（立國於外）又把錢賺了的局面。

當然這就讓大家開始思考：一個能夠鑽營地下走私貿易、具備沿海地區強大軍事武裝力量的政權，會不會是祕密結社天地會的幕後操偶師？有許多過去的研究認為，陳永華可能就是天地會的創始者陳近南，但如果大家從林爽文事件裡提及的布商嚴烟口供來看，天地會成立於一七六一年（乾隆二十六年），地點在福建省的漳浦縣高溪廟，創始人為萬雲龍（別號洪二和尚）。

這個人的身分的確有趣，從當地人的回憶裡提及，萬雲龍其實是鄭家的後代，在出家之後還是繼續習武，並且有招喚鬼兵的法術。

當然這樣的傳說色彩濃厚，不排除是祕密結社過程中必不可少的「神話階段」，但以鄭成功、陳永華本身所受的純正儒家教育，以及成立時間來看，天地會都不太可能跟東寧王國高層有這麼深厚的連結。

從另一個旁證來推敲，鄭氏王朝覆滅後，在臺灣還有一些殘餘的官兵勢力，以原是鄭成功部屬的蔡機功為領袖，反抗清廷統治，但這個強大的地下組織，卻沒有在這場行動當中出現任何協助鄭家舊屬打擊滿清的記錄。也因為天地會實際上活動的空間，在他們內部的祕密檔案記載來看，主要是以廣東為主，這使得他發源於臺灣的可能更是低到可以忽略不計。

另一方面，天地會固然有民間互助性質及對政府存在不滿的情緒在，但從現在的史料來看，他們剛開始的口號為「替天行道」，是經歷了多次政府的打壓後，才在嘉慶年間演變成「反清復明」。時間、空間上，天地會與鄭家王朝之間有關連的說法，可以當成浪漫卻不切實際的想像。

鄭氏王朝的多角經營

除了走私之外，鄭家當時經營的方式，主要是跟日本進行貿易，而他們彼此交換的，莫過於南國豐盛的砂糖、鹿皮、米穀、藥材，由日本購入之物品為：鉛銅、鑄銅砲、盔甲、器械及白銀。那麼可能也會有人好奇，這條日本線要如何維持這麼長期的穩定。關鍵在鄭成功的手足兄弟——田川七左衛門，他其實是鄭芝龍與田川氏的次子，並且依照日本家族之間常有過繼的傳統，讓他使用母家姓氏。

而他在日本所扮演的角色，便是為家族販售「海上保護令」給洋商，並將資源再轉手給東寧政府，可謂是鄭家的錢袋子，而且相較於早早離世的哥哥，他的壽命相當長，直到整個鄭家覆滅之前才撒手人寰。

另一方面為了獲得更加強大的火力，東寧王國也將他們的商業觸角延伸到英國；英國的戰鬥力在整個十七八世紀以後大爆發，成為一個日不落政權，從這個角度看，東寧王國可以算是很早就買到了英國這支飆股。

英方提供了鄭家許多武器與火藥，這些物資有效的強化了鄭家的軍事力量。但就在這麼一切好的方向發展的大趨勢之下，忽然一個新機會的出現，反而讓東寧走向屬於他的結局。這就是三藩之亂。

那時，大家都想讓北京主人再換一換

現在課本可能對三藩之亂[8]的描述很少，但在一六六三年（康熙二年）這個動盪是可能差點顛覆滿清政權的。曾經的大明降將吳三桂居然在晚年選擇重新立起「反清復明」大旗，從雲南出發之後，以極短的時間橫掃了整個長江南岸六個省分；這種秋風掃落葉的氣勢讓福建、廣東的兩位王爺耿精忠與尚之信[9]也押上了大量籌碼，試著能不能讓北京主人再換一換。當時不只是南方，連察哈爾王布爾尼[10]這種出身博爾濟吉特氏的貴族、以及在陝西觀望天下大勢變化的王輔臣都改旗易幟。

假如你是鄭經，看到這個新變化出現的時候，你會不會也做出「反攻復國」的舉動？雖然我們以事後諸葛亮的角度來看，都覺得鄭經發動西征很不智，這個舉動導致後來國家負債累累，甚至多次賒帳英國東印度公司巨額款項，導致雙方關係決裂，而且人馬在海的另一端折損巨大，將兩代人經營臺灣的貢獻全部消耗殆盡。

但是，鄭經在這次軍事行動裡，不但是打出令人激賞的海澄大捷⓫、占領了四州之地、恢復鄭成功時代在大陸之上的最大版圖，更重要的是面對數倍於己的敵人多次打得有來有回。

只是，英國看到清帝國出現了叛徒、也就是自己可以合作的對象後，對東寧的依賴度下降。

而日本雖然對鄭家有特殊感情，但在不干涉外國軍務以及鎖國基本大方針不變的狀況下，大約除了沿海的薩摩藩⓬給予一些經濟幫助外，也很難真的做出更積極的支援行動。

這就好像很多現在在股海市場裡哀號的人群，為什麼自己就要買在高點做出錯誤決策？但同時也別忘了，投資同一支股票的人也有獲利甚巨，甚至財富自由的。站在評論者的角色都比較容易做判斷，真的要讓我們扮演鄭經時，恐怕也不會做出更高明的決策了。

內部權力鬥爭徹底瓦解了東寧王國

隨著這次軍事行動失敗，借酒澆愁愁更愁的鄭經跟自己的父親一樣，在三十九歲離開人間。隨後因為繼承人問題，導致東寧王國分裂為支持鄭克臧的長子派與支持鄭克塽的次子派。不曉得鄭成功的遺孀董太妃是不是年紀大到被下人控制而不自知，在她的授意下，權臣們居然害死了鄭克臧。

鄭克臧這孩子什麼都好，身上唯一的缺點大概就是他的母親正是當年與鄭經亂倫的陳昭娘，否則以他的妻子娶的是陳永華之女、自己又長得像鄭成功，而且極有魄力等描述來看，無論內外都非常適合東寧王座。

但可能就是因為他太「適合」君位了，這群包藏禍心的官僚階級覺得扶保他毫無擁立之功，或者之後想貪贓枉法也沒這麼容易吧，於是內部權力鬥爭徹底瓦解了這個島國。

一六八三年，在鄭克塽被權臣馮錫範等人簇擁著前往大天后宮向施琅投降之後，其實還有一個特別的尾聲。在清代最經典的小說《紅樓夢》裡，透過薛寶琴唸出來的詩提到：

「昨夜朱樓夢，今宵水國吟。島雲蒸大海，嵐氣接叢林。」

怎麼看都有點像是在講：「曾經住在一個朱姓統治者的亭臺樓閣裡，今天忽然來到清朝這個國家了，我住的地方是在島嶼之上，有著雲霧跟森林。」再對照整本作品裡多次提及的國公爺、男主角的美而無用形象，彷彿都在暗示作者就是一個出生在國姓爺家族裡，卻沒有辦法力挽狂瀾的失能公子。

清朝時期臺灣錢早已淹腳目

死了都要來！不粉身碎骨不痛快。在清代的這一波移民當中，其實有著很強烈的逐利精神，如果不是為了有更好的生活，為何要離開自己的祖地？恐怕這和當時民間流傳的「臺灣錢淹腳目」有關。

臺灣有極大比例的移民來自於泉州，而泉州偏偏是一個貧富差距非常明顯的海港：從明朝被稱作天子南邊的小錢袋子以外，從唐代開始就是對外貿易非常重要的港口，可能還是當時世界吞吐量最大的據點。

全盛時代的這裡還有數以萬計的阿拉伯商旅，甚至在這座城裡可以看見三座極具規模的大清真寺，但公元八七八年開始，黃巢之亂的排外情緒爆滿，加上叛軍對有錢商賈的劫掠，導致這裡的阿拉伯人迅速被消滅。

但是仍有一些很獨特的阿拉伯文化從當時被予以保留，甚至影響到臺灣，現今在西南沿海地區的丁氏家族就留有一些伊斯蘭教的葬禮習俗。

泉州移民也因為這種經商的傳統，在來到臺灣之後繼續居住在沿海地區，並以海外貿易與探險維生，後來他們打造整條西部經濟的黃金走廊，無論是北港繁榮的城市景觀、府城驚人的郊商文化還是古代淡水廳——竹塹的金融貿易體系、乃至於到臺北的開墾，都有泉州人努力的痕跡。

但泉州也並非在來臺伊始就柿子挑軟的撿，直接在所謂蛋黃精華區開發，他們也時常冒險挑戰，像是對臺北的經營，比起如今行政資源高度集中的首都，三百年前這裡的環境條件惡劣到難以想像，甚至在郁永河來開採硫磺時，也在《裨海紀遊》裡記載到這裡的生活之艱辛。

如：「**君不聞雞籠、淡水之坔惡乎？人至即病，病輒死。凡隸役、聞雞籠、淡水遣，皆欷歔悲嘆，如使絕域，以得生還為幸。**」所以在如今繁華薈萃之前，開墾此地的艱辛也不如想像的容易。

當時大多數渡臺而來的居民多以第一級產業維生，如種植甘蔗以做成蔗糖。

創業時期各種社會亂象

不過泉州人的商旅基因在其他移民眼中有時候也實在令人眼紅，像是泉州族群講究排場、重視儀式感的傳統，就讓漳州、粵人覺得非常鋪張。

類似現在小孩會在 Instagram 上面穿著對他們這個年紀而言過度突兀的奢華名牌一樣，來臺的商賈與開發成功的新興貴族們，也是如此高調炫富的，這也讓綾羅綢緞逐漸出現在畫風極為不符的田園、農地邊，婦女競相爭妍，甚至酬謝神明與日常用度都極盡浪費之能事，以至於自身賒帳、欠債都要維持這個表象上的體面。

而同時，臺灣民間也出現了極端物化一切事物的現象，這個物化絕對不僅限於女性，連男性都可能在這裡被當成商品交易。最常見的包括送子當長工、送女為童養媳，或者妻子因為無力扶養丈夫而必須另外招徠羅漢腳，做為家族的經濟與生產新支柱，彼此為防口說無憑，還立有契約即「招夫養夫契」。

這種現象也符合明清兩代在漢人社會裡宗族化的現象，也就是每個人的存在都是為了「家」，在「家和萬事興」的口號之下，每個人必須委曲求全的承擔責任義務，加上中央統治者也喜歡將家的概念延伸到整個社會對政治的理解，形成天下無不是的父母、而同時朝堂無不是的君父，如此的忠孝複合體。綜觀整個清代治臺也脫離不了這樣一個大趨勢，導致臺灣集體在家庭、宗族的力量之下，產生不分男女的物化過程。

我們可以發現在這一段裡，臺灣有不少底層翻身的勵志故事，如從東南沿海的窮鄉僻壤當中成長，作為海賊肆虐一方並且在臺灣扎穩腳跟，獨立建國的蔡牽。蔡牽的故事實在傳奇色彩相當濃厚，因為他的出現，使得清朝早期禁止在臺灣築城堡的政策開始逐漸動搖，全盛時期不但可以輕鬆攻入鳳山、劫掠臺南府城、甚至交好各地社會名流，並在淡水稱制稱王。

撇除官方印象中的反賊，這更像是在獨裁時代裡一次精采的創業故事。他後來還曾在海戰中擊斃閩浙總督李長庚，並且在妻子的協助下，創造了鼎盛輝煌的業績，讓當時的嘉慶皇帝頭痛不已。

臺灣向錢看，是否是一種必然？

有人依靠反政府而發家致富，自然也有不同立場的人生勝利對照組存在，像是與朝廷多次一同平叛的大將王得祿、霧峰林家曾經參與太平天國反擊戰的林文察，他們都因為為朝廷立下的汗馬功勞而屢得升遷。

但民變、械鬥與義民畢竟都是高風險而且無法預測的意外事件，要能剛好遇到變亂，要能夠命硬活得下來還要幸運選對陣營，這實在是投資風險過大的項目。相較之下，清代末期由國家主導的「開山撫番」政策，就是對於臺灣意圖力爭上游的人們一個較有保障的投資風口。

說穿了還是因為錢，等到劉銘傳時代（一八八五～一八九一年），臺灣北部山區相當具有市場競爭力的茶葉、樟腦、煤礦逐漸被發現，各國的覬覦也加深了官員們對於擴大商品來源的欲望，但凡是想要做大就得拉著更多的投資者，這讓連橫在書寫《臺灣通史》時，也有了一篇極為精采的〈貨殖列傳〉，記錄了在這個大時代下投資成功的人們。

最具代表性的莫過於從桃園南下到苗栗，創業成功並且列於此傳之首的黃南球，他透過在原本漢番交界的隘線進行拓墾，成功地把各種近山資源向外販售，累積巨額的資本成為清帝國統治階段最新一批資本貴族。

綜觀整個清代統治下臺灣社會的發展，你會觀察到：錢一直扮演這最為關鍵的力量，像是各地幾乎都以廣收香火錢的廟宇呈現放射狀的都市發展，如臺南府城當時最為熱鬧的水仙宮、臺北龍山寺。

但往下深挖就會發現，宗教中心除了成為心靈寄託外，也是民間累積資本合股經營的標的，透過一地移民對神明還有原鄉的認同，進行祭祀活動的同時也可作為商業的集市，像是水仙宮就曾經是外銷藍染物料的重鎮，也同時可以成為布匹、藥材、日用品與南北貨的聚集地。

假使你回到大清治下的福建，這時候聽著各種來到臺灣後的移民如何透過自身努力、運氣以及選擇，成為一個又一個的富商巨賈，在完全忽略倖存者偏誤的狀況之下，也勢必會產生對這裡的錯誤想像，以為臺灣是一個豪華、奢靡而且容易成功的地方，一個人人追求金錢累積的社會。

然而，這距離郁永河筆下那個水土害人、染疾多殆的時間，也不過就是兩個世紀，從死難險地成為發家致富的奇蹟之所，來臺者逐利的性格與這裡資源條件相輔相成，然而隨著金錢的增加，文化厚度與對歷史的重視卻彷彿與帳面上的數字資產脫鉤，這也導致了許多至今未解的社會問題。

歷史情境對話站

1. 臺灣一邊重商逐利，卻又常常希望別人做免費義工，這是一種精神分裂還是更高的精神追求？
2. 臺灣社會常被批評缺乏美學素養，究竟是金錢不足導致文化投入不夠，還是因逐利性格而忽略文化的重要？還是這種不在意美的集體意識，也是一種文化體現？
3. 臺灣的「功利」取向對於整個社會而言是正向效果多還是負面影響深？

延伸關鍵字 想知道更多，請搜尋——

#招夫養夫契 #《臺灣通史》 #《裨海紀遊》 #蔡機功

❶啟蒙時代：也稱啟蒙運動，指十七世紀後期到十八世紀，一場在歐洲發生的哲學及文化運動。

❷尼德蘭低地：包括區域相當於，荷蘭、比利時、盧森堡和法國北部部分地方。

❸海瑞：明朝以清廉自持而聞名天下的官員，其後人生事蹟被劇作家吳晗改編上演，引發「以古論今」的批判，四人幫由此論點開示進行政治清算，引爆中國的文化大革命。

❹南居益：一六二四年於福建巡撫任內，進攻澎湖荷蘭人，驅荷大勝。

❺彼得．納茨：在〈漢人與原住民的三八線，欸你越界了〉提及，P38。

❻天啟四騎士：《啟示錄》中記載，當末世來臨，就會出現一些異常現象以示警。四騎士通常是指瘟疫、戰爭、饑荒和死亡。

❼《沿海遷界令》：先是命令沿海居民不得下海捕魚、經商，這是所謂「片板不得入海」，再來是避免鄭家勢力與沿海官員、百姓有所互動進而下令向內遷徙三十哩，達到堅壁清野的效果，使鄭家不能在沿海地區得到任何資源補給與商貿對象。

❽三藩之亂：隨著康熙皇帝越來越擔心中央力量遭到地方削弱，加諸於滿洲異族統治，仍對漢人存在恐懼，因此展開對南方三個明朝降將建立的政府進行裁撤，此舉引發三藩抵抗。

❾耿精忠與尚之信：其二人主要勢力分別是平西王吳三桂，領雲貴、四川與湖南；平南王之子尚之信，鎮廣東、廣西，靖南王耿精忠領福建，此三勢力並稱三藩。

❿察哈爾王布爾尼：察哈爾部屬於東蒙古的重要政治力量，早期清帝國強調滿蒙聯姻，與蒙古緊密結合以穩固帝國的統治，可將其視為清帝國這家股份有限公司的原始股東。

⓫海澄戰役：鄭成功以其海軍優勢，基本消滅了清朝在福建的所有水上力量，此仗之後清廷調回平南將軍金礪，使得中國東南半壁江山局勢大震。

⓬薩摩藩：江戶幕府時代，以今天鹿兒島、琉球一帶作為根據地的強大諸侯，後來在明治維新階段主張廢除幕府，並且出產許多左右日本政局的大人物。

【17】

臺灣再度向世界中心靠攏？未完待續……

歷史小檔案

登場人物

臺灣歷代打拚的每一個人

發生年代

1860 年～今天

國際上正發生

- **西方世界**：工業革命的出現其實造成人類本質性的改變，從此生命長度、財富擁有、工作時間都在以前人無法想像的規模擴大。因為經濟結構的徹底改變，傳統農業逐漸被手工業與服務業取代，大量人口移入都市，社會的型態與價值觀也出現極大的不同，工商發展也徹底拉開西方世界領先其他地區的幅度。

經濟，是臺灣立足於國際舞臺上最重要的元素之一，在脫離了內亞帝國（清王朝）的束縛後，臺灣再次獲得與世界互動的機會，也由此讓這個遠東小島一舉躍升為今日人均GDP可以排名在前段班的經濟強權，這個過程中可以看到開港通商的影響、日本帝國奠定現代化的努力，以及到了中華民國政權的土地、商貿政策演進。

歷史就是如此牽一髮動全身，隨著清帝國的停滯不前，工業革命徹底改造的歐陸諸國，開始在東方大展拳腳，揍得天朝體制的遵循者們鼻青臉腫。而此刻臺灣的地位再次變成了眾所矚目的焦點。

清代晚期，終於輪到北臺灣發大財

臺灣在開港通商的大環境之下，許多過往被忽略的河港得到更進一步開發的契機，特別是北臺灣出產大菁[1]便足以致富的近山地區，隨著一八六一年淡水港開港，並有李春生、陳天來等大稻埕的茶商們到來，並且發現了此地深有種植茶葉潛力後，各項經濟指標繼續向上翻騰。

鑑於福建武夷山的綠茶與錫蘭的紅茶已經在原有消費市場上存在不可替代的巨大優勢，臺灣出產了折衷方案，以福爾摩沙烏龍茶為主要出口項目，迅速在新興市場，如美國紐約打出名號，這也為以產茶知名的客家莊與臺灣北部帶來了屬於自己的茶金歲月。

北臺灣的經濟逐步取代南臺灣優勢，並沒有漫長的發展過程，可以說就是在基隆、淡水、安平、打狗四港開放後短短三十年左右產生的劇烈變化。

糖、米的外銷主要一直是南部的優勢，但飛躍性成長的商品性作物有更驚人的收益，促使錢潮向北邁進的大趨勢。

茶金歲月：全盛時期，共有兩百多家茶行坐落在大稻埕。

隨著人進得來（如大稻埕街區數量驚人的外商）、貨出得去（茶葉、樟腦等後工業化時代的需求），北臺灣正式開始發大財。再次全球化的時代裡，臺灣沒有缺席，逐步走出被大陸體系箝制的清代中期後，跟大航海時代一樣，這個遠東地區富饒而有商機的島嶼，又一次躍上歷史的舞臺，而不再只是被當作四省之門戶，它可以是全球經濟的樞紐。

當然，君子無罪，懷璧其罪的道理放在任何時刻都能適用，一個這麼具有經濟吸引力的土地，也免不了受到戰火波及。

綜觀一八三九年第一次鴉片戰爭以來，西方諸國只要對清帝國動武，都隱約順帶手把臺灣也納入戰爭進攻的目標，意圖染指越南的清法戰爭，最後也在北臺灣打得不可開交，甚至改變了臺灣命運，使它成為清帝國一個重要省分；甲午之戰更是讓新星崛起的日本帝國，將臺灣視作明治維新成功的樣板，進行殖民統治以強化自己在亞洲的地位。

日本時代的南向政策

日本在十九世紀以後，一直有著不自強就會亡國滅種的恐懼，加上當時全球流行的社會達爾文主義，更是催生了這種亞洲人可能會被「優勝劣汰」的競爭下徹底打敗的思維，使得他們在對外擴張上帶著缺乏安全感的心理。

透過戰爭獲得臺灣，樂觀地說是終於跟列強平起平坐地擁有海外國土，但反過來講他們也深刻感知到自我的不足，相較於英國擁有印度這樣一片大又滿是資源的殖民地，日本的「印度」又在哪裡？

當然日本很快就找到了他們的另一處黃金國，這讓日本軍部有了後來在一九三一年發動九一八事變占領中國富饒的東北原動力，但另一方面，清楚認知到自己是海洋國家的他們也有以臺灣為支點，向南擴充到東南亞以獲取更多海上樞紐的想法。如此一來善用臺灣的天候以發展農業，增加未來發動戰爭或者外銷的資本，成為了日本統治臺灣第一階段的首要任務。

要開發農業則與土地息息相關，兩者相互綁定，在戰亂的初期階段結束後，後藤新平努力實踐了讓臺灣財政自主獨立的計劃，並且在一九〇四年日俄戰爭爆發時更加速此一計劃的進行，清丈田賦就是最重要卻最困難的一項。

早在一八八五年起的劉銘傳任省長開始，他就發現臺灣的田地所有權跟使用權因為長期權責不清，所以收稅的時候特別不方便，因此要求各地開始丈量田畝，並按照土地耕作面積、土地收成的效果等指標進行課稅。

但因為移墾社會常出現有錢的大戶雖然擁有開墾的執照，卻懶得親自下田或者家丁不足、人手不夠，於是雇用佃農來幫忙種植、收割，久而久之，受到雇用的佃農也不堪工作量巨大，並再請新一批移民來打工。

幾代之後，到底土地屬於誰、該繳多少稅、按什麼樣的比例徵收就成為了一團亂帳，特別是如果公家單位在徵收某些田租的時候不公平，那產生的糾紛與付出的成本恐怕比起徵收到的錢量還來得多，所以清代晚期就因一次徵稅風波引爆了施九緞事件❷，致使中臺灣陷入一場騷亂。

工業日本、農業臺灣，日在臺的各項建設依序完成

後藤新平在日軍強大的武力、以及前些年剛進行過鎮壓的餘威下推動重新清查，可以說效果非常顯著，在劉銘傳時代僅僅查出四十餘萬甲土地，到了後藤手上則一口氣查到了六十餘萬甲。如此一來收稅基礎大幅增五十%，可想而知在財政來源益發清楚的狀況下，

日本政府就有了餘裕騰出手執行更多政策。

至於為什麼同一片島嶼會有這麼巨大的田畝數字落差呢？可能關鍵還是在於國家體制的不同，在相對之下更為人治的清代，隱匿田產可能只需要透過官商勾結、上下打點，一番操作下來可以少報好幾畝土地，官員誠實上報田畝數據，獲利的是國家，但如果幫忙隱瞞，獲利的可以是自己。

在日本法治社會下，公務員的可操作空間變小，國家好等同自己好，沒有動力冒風險幫忙富戶隱匿財產，這使得工業日本、農業臺灣的計劃得以實施。

日本引進了現代企業化經營的概念，在臺灣推動了糖業發展，糖業株式會社結合工業化的生產，在臺灣中南部鋪展開來，業務之大、獲利之巨一度讓總督府有了將糖業收歸國有的計劃。

而在民以食為天的原則下，政府也相當善用臺灣得天獨厚的稻米王國條件，種植大面積的稻田以增加糧食儲備。

而為了使降雨量位居全島之末的雲嘉南地區能有穩定的農業用水，一九三〇年，烏山頭水庫的規劃與嘉南大圳的系統，便在八田與一的規劃下逐步完成，從此一改看天吃飯的不穩定性，強化了島嶼自給自足的條件。

日本對南洋進發，透過戰爭建構大東亞共榮圈

有了穩固的農業作為發展根本，電力的建設也必須鋪開進行，一九一九年成立的臺灣電力株式會社，強化了臺灣現代化的基礎，同時也打造了全亞洲最大的日月潭發電廠。

直到一九四五年二戰結束之後，日月潭發電廠仍舊在發電量這項數據上擁有碾壓其他發電廠的優勢。

當然，山林資源也是統治者垂涎三尺的目標之一，阿里山森林鐵路的建設，更是進一步強化了林業流水線，可以迅速地將海拔兩千多公尺森林的檜木轉換成肉眼可及的現金。

就在初步工業化也出現可觀的績效後，日本對南洋的進發也是箭在弦上，意圖透過戰爭

從日治時期開始慢慢完善的阿里山森林鐵路建設，強化了林業流水線，快速將高經濟價值的檜木運出變換成現金。

做到黃種人崛起、擺脫殖民陰影，建構大東亞共榮圈的美好想像，隨著鮮血與槍砲開始走向毀滅的道路。

雖然二戰之後的確新興國家如雨後春筍般的遍布整個東南亞，但所付出的代價，卻是值得深思，日本究竟透過了這場戰爭是落實了亞洲人的任務，還是用百萬條生命換到和平可貴這樣不言而喻又顯得老掉牙的教訓？

四萬換一塊，差點上演二十一世紀辛巴威悲劇

一九四九年，南渡後的蔣介石政府仍然活在共產黨得民心的創傷症候群之中，如果在最後統治的這座島嶼上，再次失去人民支持，那放眼望去就只剩下一望無際的太平洋可以遠遁而去。

然而即使如此，在臺灣的統治過程裡仍有一段黑歷史必須面對，這裡就不得不提四萬換一塊的政策到底是怎麼一回事。

首先，在二戰剛結束後，臺海兩岸都陷入水深火熱的通貨膨脹危機當中。與其將此問

題歸責於國民政府，不如說這是戰爭結束後必然會出現的一種現象，大量失業人口、戰後百業凋敝、財貨的稀缺導致價格的翻騰、生產勞動力不足等原因都可能加速這一個狀況的惡化，端看當時執政者是否有能力可以降低這些負面因素帶來的衝擊。

當時臺灣的通貨膨脹日本必須得負擔責任，畢竟戰爭階段的動員以及物資徵收，都會加速惡化通膨的壓力。

然而，國民黨政府來臺以後，並沒有緩解戰時的財政問題，而是著眼於臺灣情況遠優於中國其他各省，於是要求臺灣銀行發行大量的貸款給予公營企業（這與過去給私人企業貸款的經營模式顯然不同），並且要求當下有庫存的公司做功德，把原本可以賣的資產奉命撥給中央。這其中最具代表性的莫過於臺糖，它絕對是最深受其害的被害者。

因此省政府財政赤字持續上升，且為了支應國共內戰，臺灣物資更進一步被竭澤而漁地拿走，但於此同時，公家機關的貨幣需求量仍然穩步上揚，薪水如果不發，那誰還替政府做事？

美國援助，根本上解決財貨不足問題

於是一個超完美風暴就已經醞釀好，等著這個惡性循環的體系自毀自滅，因為臺銀貨幣發行量仍在持續上升，而原本可以透過出口賺得的外匯，又進一步被政府透過干預匯率、逼迫充公等一系列操作弄到所剩無幾。

在貨物持續減少、貨幣量持續增加的狀況下，任何一個有經濟學基本常識的人都知道，通貨膨脹要到來了，但對於戰爭持續發展不順的國民政府而言，卻只能繼續維持這套飲鴆止渴的體制，後果則等以後再來煩惱，於是透過《臺灣省幣制改革方案》、《新臺幣發行辦法》等法案頒布，最後就導致了四萬換一塊的局面，因為貨幣貶值的速度過快，這種形同休克療法的政策也就在非不得已時必須執行。

然而，在四萬換一塊之後，臺灣通貨膨脹的問題就獲得解決了嗎？答案很遺憾，並沒有。百萬移居的外省民眾並非人人皆是會耕田的生產者，甚至多數是軍人，他們在市場當中所扮演的角色仍是消費者——或者說財貨的使用者，因此財貨相對之下更加稀少、而印出來支付軍人薪水的新臺幣仍然在不斷地生產，新一波更大的通貨膨脹隨時會到來，但為什麼臺灣可以在這波危機當中倖免於難呢？

最終答案，仍然是因為靠美國援助才撐過此劫，這就是我們熟知的美援帶來的功效，除了廣為人知的麵粉外，大量基礎的民生用品、各項技術的支援，才讓臺灣從根本上解決了財貨不足的問題。

各項鐵公路、公共建設的計劃開啟，終於擺脫了空有鈔票而沒有生產的窘境，至此才穩住了整個戰後的凋敝局面。可以這麼說，四萬換一塊是一帖猛藥，但它的藥效極為有限，如果不是後來美國釜底抽薪地幫忙解決財政收支結構問題，恐怕二十一世紀辛巴威發生的悲劇會提前數十年在臺灣上演，畢竟沒有政府能只靠貨幣政策這帖靈丹妙藥治百病。

美援時期的食物援助政策，除了填飽人民的肚子，麵粉袋還可做成內褲，在當時蔚為流行。

國民政府時代的土地改革與出口進口調整

兩蔣時代奠定的經濟奇蹟基礎，其實還是在美國支援的大前提條件之下，否則巧婦難為無米之炊，國家若面臨破產而不得解的局面，縱使統治者英明神武恐怕也將讓臺灣的發展走向第三世界。

紡織業是民國七〇年代的經濟命脈，
自成一個經濟體系，
許多人都是靠著紡織廠的工作餬口。

在臺灣刻苦耐勞結合逐利優先的各項特質配合下，勞力密集的產業為我們在戰後贏得了一個重要發展窗口，透過塑膠、成衣、罐頭、雨傘、鞋子、毛巾等產品，臺灣實現了出口擴張的目標。

吸取國共內戰期間因丟失大量農村民心進而丟掉大好河山的教訓，國民政府遷臺之後改變了自己對農村的經營模式，開啟一連串臺灣版溫和的鬥地主。

透過股票交換以及各項籠絡，施行耕者有其田政策❸，將原先土地的所有權與使用權大量下放到佃農手上，這一舉措無疑穩定了蔣介石在臺灣的統治基礎，並且最大幅度的降低伴隨土地權力轉換過程可能帶來的動盪與屠殺，而且讓臺灣在發展工業的基礎上，有了厚實的農業資源可以作為支撐。

在一九七四至一九七九年間完成的十大建設與科技業、各項重工業的推展後，臺灣伴隨著韓戰以及越戰兩場代理人戰爭的爆發，在東亞的經貿地位更進一步提升，作為民主世界阻止共產獨裁影響力輻射出太平洋的重要國度，它的繁榮就成為了自身安全的保障。

在新的世紀到來後，由於出色的半導體技術，更是讓全球必須與這座僅有三萬六千平方公里的島嶼緊密保持合作。

然而即使如此，我們的挑戰仍然十分巨大，由於戰略腹地的不足以及地緣政治的危險局面，終究讓臺灣必須時刻保持警惕，並思考透過什麼方式來維持當下和平的局面。

❶大菁：一種可以進行染色的植物，現在客家莊裡的藍染便是以這種植物作為染料來源。

❷施九緞事件：臺灣在一八八五年建省以後，規模最大的一場抗稅事件，後來憑藉霧峰林家的林朝棟與朝廷官兵配合，才止息這場變亂。

❸耕者有其田：將原先土地的所有權與使用權大量下放到佃農手上。

歷史情境對話站

1. 臺灣的天龍國在此時期從臺南府城移轉到臺北，這會給正在積極競爭中的六都取得什麼樣的經驗？
2. 歷史持續變動，六都當中又有誰未來可能成為真正發展的龍頭呢？
3. 美國對臺灣的經濟支援是不是如今我們能在東亞擁有如此繁榮景象的基礎？

延伸關鍵字　想知道更多，請搜尋——

#八田與一　#蔣經國十大建設　#出口擴張　#進口替代

結語

歷史讓我們知道自己所處何方

在全球的各項經濟數據、軍事實力、民主自由程度的排名當中，臺灣始終都是列在PR九十以上的超級資優生，但與之不匹配的是臺灣人對自我的認知。

或許過度的焦慮以及盲目相信外國月亮比較圓，導致一些偏離現實的言論得以在社會當中獲得聲量。其實臺灣一如所有移民所建立的社會，多元而繽紛，在這個社會裡有著南島語族的冒險犯難、藏在原住民部落的歐洲元素、航海時代的拚搏精神、清代以來移民社會的逐利性格、漢文化圈的宗教信仰、日本帶來的思維與情懷。以及美國援助後所引發的親西方立場，再再讓這個國度充滿深厚的人文底蘊以及層次感滿滿的歷史故事。

柏拉圖曾經提及人類在其一生都應當思考的三個生命本質問題，分別是我從哪裡來、我是誰以及我應往哪裡去，在過去威權未消的年代裡，往往成為社會上討論的禁忌，致使臺灣人始終不知從何而來，只記得當下努力工作，卻對終極目標產生茫然，富而沒有方向感的時代，伴隨戰火的威脅之下，就像林美容❶筆下所形容的一樣，整個社會跟鬼產生共情——同樣不知道自己來自何地，也最終將往何方。

透過本書希望可以為大家帶來一個更不同視角的臺灣歷史，也讓大家在歷史當中更清楚的認知自己所處何方。

❶林美容：中央研究院民族學研究所研究員，以《臺灣鬼仔古》一書討論臺灣人信仰鬼的背後歷史、文化。

國家圖書館出版品預行編目資料

一歷百憂解 1 上癮臺灣史：一部 400 年的島嶼生存角力賽 / 李文成作 . -- 臺北市：三采文化股份有限公司 , 2023.08
面；　公分 . --（iThink；13）
ISBN 978-626-358-119-7（平裝）

1.CST: 臺灣史

733.21　　112008212

suncolor 三采文化

iThink 13

一歷百憂解 1：上癮臺灣史

一部 400 年的島嶼生存角力賽

作者｜李文成
編輯二部 總編輯｜鄭微宣　責任編輯｜藍匀廷　企劃開發｜杜雅婷
美術主編｜藍秀婷　封面設計｜鄭婷之　內頁設計｜李蕙雲　內頁排版｜陳佩君
內頁插畫｜阿瑞 rayliugogo　校對｜周貝桂　行銷協理｜張育珊　行銷企劃主任｜陳穎姿

發行人｜張輝明　總編輯長｜曾雅青　發行所｜三采文化股份有限公司
地址｜台北市內湖區瑞光路 513 巷 33 號 8 樓
傳訊｜TEL:8797-1234　FAX:8797-1688　網址｜www.suncolor.com.tw
郵政劃撥｜帳號：14319060　戶名：三采文化股份有限公司
初版發行｜2023 年 8 月 4 日　定價｜NT$420
4 刷｜2023 年 11 月 15 日